Knut Koch:
Barfuß als Prinz
Zwei Leben

Deutscher
Taschenbuch
Verlag

dtv

Ungekürzte Ausgabe
Januar 1996
Deutscher Taschenbuch Verlag GmbH & Co. KG, München

ISBN 3-86034-120-0
Umschlaggestaltung: Dieter Brumshagen
Umschlagfoto Vorderseite: Lynn Davis
Satz: IBV Satz- und Datentechnik GmbH, Berlin
Druck und Bindung: C. H. Beck'sche Buchdruckerei, Nördlingen
Printed in Germany · ISBN 3-423-12154-0

Das Buch

Knut Koch ist einer, der zwei Leben lebte, manchmal nebeneinander, zuweilen auch durcheinander, in jedem Fall lustvoll. Auf der einen Seite ist er Schauspieler, Regisseur, Autor, Schauspiellehrer und Selbstdarsteller, hat jahrzehntelang an großen und kleinen Bühnen und im Fernsehen große und kleine Rollen gespielt und bei Berühmtheiten wie Zadek, Gobert oder Kortner assistiert. Und er hat sich auf der anderen Seite vielen Männern gegen Geld angeboten, hauptsächlich in der Sado-Maso-Szene. »Die beste Ausbildung für einen Callboy bietet eine Schauspielschule, sofern sie gut ist. Dort lernt man, sein Talent nicht zum Betrügen einzusetzen. Du sollst den Zuschauer wahrhaftig bannen, dein Spiel soll er als wirklich annehmen und dir in jeder Sekunde verzeihen, daß du spielst. Ebenso der Callboy. Da kommen: der Fette, der Ungeliebte, der Abwegige, der gastweise Perverse – der Callboy spielt ihnen das Spiel, das sie brauchen.« – Eine Autobiographie voll großer Namen und heißer Nummern. Vorhang auf!

Der Autor

Knut Koch, geboren 1941 in Goldap/Ostpreußen, absolvierte die Schauspielschule in München. 1964 ging er als Regieassistent mit Fritz Kortner an das Wiener Burgtheater; danach verschiedene Theaterengagements in Bremen, Heidelberg und Münster, wo er mit Theatergrößen wie Peter Zadek, Claus Peymann, Inge Meysel, Heinz Rühmann oder Boy Gobert arbeitete; 1986 ging er zu Peter Zadek an das Deutsche Schauspielhaus Hamburg. Parallel dazu begann 1971 mit einer ersten Annonce sein »zweites Leben« als Callboy. Knut Koch lebt heute als freischaffender Schauspieler, Regisseur und Autor in Deutschland und Frankreich.

Orlando und Rosalinde: Jürgen Prochnow und Knut Koch, in »Wie es euch gefällt«, Schauspiel Bochum, 1976

Vorspiel

Die beste Ausbildung für einen Callboy bietet eine Schauspielschule, sofern sie gut ist. Dort lernt man, sein Talent nicht zum Betrügen einzusetzen. Du sollst den Zuschauer wahrhaftig bannen, dein Spiel soll er als wirklich nehmen und dir in jeder Sekunde verzeihen, daß du spielst. Mit dir darf der Zuschauer abheben in phantasierte Welten, als ob sie wirklich wären. Schauspiel entrückt bei vollem Bewußtsein. Je absoluter mich ein Schauspieler bannt, desto enthusiastischer danke ich ihm.

Ebenso die Hure. Da kommen: der Fette, der Ungeliebte, der Abwegige, der gastweise Perverse – sie spielt ihnen das Spiel, das sie brauchen. Je überzeugender sie spielt, desto enthusiastischer der Dank.

Ebenso der Callboy. Alles, was ich fürs Theater gelernt habe über meinen Körper und die Fähigkeit, ihn als Instrument zu nutzen in unterschiedlichsten Rollen – das genau ist es, wonach die Männer suchen. Das Honorar zahlen sie aus Dankbarkeit, weil ich den Verklemmten enthemme, den verängstigt ›Abartigen‹ ermutige, die Gastspiele des sogenannt Perversen perfekt mitspiele.

Per Autotelefon meldete sich ein Manager bei mir an, wann immer seine Termine ihm Zeit ließen. In meinem Studio hatte er ein Depot an Kostümen und Requisiten. Als Vorspiel brauchte er ein langes Gespräch über Gott und die Welt, um sich aus seinem Tagesstreß rauszureden. Dann ging er ins Bad und kostümierte sich. Er, der Firmenchef, kam als Nutte aus meinem Bad und wollte von mir vergewaltigt werden. Gefesselt, anderen vorgezeigt, gefickt, gequält. Anschließend mußte er behutsam zurückgeführt werden, damit er ohne jede Verstimmung wieder sein konnte, was er draußen in der Welt sein wollte. Bei mir war es ›nur‹ gelebtes Theater – natürlich nicht das

Leben. An einem Abend beschloß ich, ihn wirklich nach draußen zu bringen, in seiner Verkleidung.

Er braucht neue Reize in diesem Spiel, neue Erregungen. Öffentlichkeit, aber zugleich den Schutz, ›blind‹ zu sein. Er hat seine nuttigen Dessous an, einen schwarzen Rock, schwarze Bluse, Nylons und hochhackige rote Schuhe. Dazu setze ich ihm eine Sonnenbrille auf, unter jedes Glas einen dicken Wattebausch. Dann nehme ich ihn am Arm und führe ihn aus dem Haus. Wir kennen uns gut, er vertraut mir grenzenlos, und doch zittert er vor Angst und Erregung. Ich setze ihn in mein Auto, und wir fahren zum Stadtpark. Schon unterwegs, als ein interessierter Fahrradfahrer neben dem Wagen auftaucht, verlange ich von ihm, daß er seine Stöckelschuhe aufs Armaturenbrett stemmt und den Rock hebt. »Zeig ihm, wie geil du bist, Hure!«

Im Park stakst er an meinem Arm einen sandigen Weg entlang. »Ich bring dich jetzt zu geilen Kerlen, Hure!« Dabei weiß ich gar nicht, wie die Kerle im Park uns finden werden, mit Sicherheit ist noch nie ein Blinder im Fummel da aufgekreuzt. Vor einer Hütte, im Zentrum der nächtlichen Action, stelle ich ihn ab. Und zum Glück steigen drei Typen sofort drauf ein, feuern ihn sogar an, tigern um ihn rum: »Los, zieh dich aus, du Nutte!« Spontan perfekte Mitspieler!

Er weiß mich an seiner Seite, ihm wird nichts Riskantes passieren. Nur eine gewaltige Hürde bleibt: Was geschieht mit ihm nach seinem Orgasmus? Im Fummel, im Wald, als ernüchterte ›Nutte‹! Gewöhnlich ist dann die Travestie beendet, diesmal haben wir aber noch den weiten Rückweg. Blind und in Stöckelschuhen. Die Autofahrt. Vom Auto zur Wohnung. Im Schlafzimmer läßt er sich aufs Bett fallen: »Ich muß jetzt erst mal allein sein.« Er bringt sich ein zweites Mal zum Orgasmus. Alles noch einmal durchlebt und dann endlich zur Erde zurück.

Ein ähnliches Spiel inszenierte später er – mit einer Frau. Und mit mir als eingeweihtem Spielpartner. Diese Frau war mit einem Masochisten verheiratet, sie die Domina. Daneben hatte sie eine geheime Beziehung, in der sie die Masochistin war – für ebendiesen Manager. Für ihn wollte sie die Hure sein, ihm ausgeliefert wie er sonst mir. Auch ihre erregendste Phantasie war es, als Hure öffentlich vorgeführt zu werden, anderen Männern wahllos überlassen – für IHN. Aber wo diese Phantasie real ausspielen? Er wußte, mit mir zusammen würde das möglich sein. Also bestellte er sie für den Trip ihres Lebens nach Hamburg.

Sie steigt am Dammtorbahnhof aus dem Zug. Schlank, blond, es könnte Jil Sander sein, sie hat dieses eisig verletzliche Selbstbewußtsein. Aber befehlsgemäß ist sie als Hure gekleidet, roter Pullover, schwarzer Lederrock, rote Schuhe – und eine Hundekette um den Hals. Unmittelbar neben dem Bahnhof, in der Cafeteria des Hotel Plaza, warte ich. Schwarze Lederhose, aber auch schwarzes Cashmere-Jackett, dazu einen schwarzen Aktenkoffer. Der Mann führt die Frau an einen Nebentisch, sie reden miteinander, ohne mich zu beachten. »Ich bin ein paar Minuten weg, was immer hier geschieht, du gehorchst!«

Ich hebe den Koffer auf meinen Schoß und öffne ihn so, daß nur sie reinsehen kann: Er ist prallvoll mit eindeutigen Sex-Requisiten, dicken Gummischwänzen, Peitsche, Handschellen... Sie sieht das und begreift, ich, ein völlig Fremder, bin mit in ihrem Spiel. Sie bebt vor Erregung. Ich nehme eine Kette als Hundeleine heraus, beuge mich seitwärts zu ihr, lege sie in ihren Schoß. Und klappe den Koffer zu.

Der Mann kommt zurück. Und hakt meine Leine an ihrer groben Halskette fest. »Ich hole den Wagen, und du machst alles, was ER von dir verlangt.« Ich rufe den Kellner, zahle unsere Getränke. Er taxiert die Frau schweigend. Ich führe sie durch die Cafeteria, dann durch die Halle. Sie mit etwa einem halben Meter Abstand, sichtbar an der Kette. Die Hotelgäste starren uns perplex an. Ich stehe mit ihr an der Rolltreppe abwärts, als hätte ich etwas vergessen, als überlegte ich. Peinvollste Sekunden. Endlich fahren wir hinunter, verlassen das Hotel durch die Drehtür, der livrierte Portier verzieht keine Miene – immerhin steigen wir in das wartende Luxusauto ihres HERREN.

Aufgekratzt von diesem ersten gelungenen Auftritt, beschließe ich, sie so an der Kette auch noch durch den taghellen Dammtorbahnhof zu führen. In dem Gewühle dort fallen wir fast nicht auf. Also noch ins angrenzende McDonald's, das hat einen Vorder- und einen Hinterausgang, so daß wir bequem einmal durchgehen können. Aus dem Augenwinkel beobachte ich einen ahnungslosen Monteur, der einen schnellen Pausen-Burger mampft, mitten im Abbeißen die Sklavin an der Kette sieht und uns mit offenem Mund anstiert. Draußen stolpern drei Japaner übereinander, die eigentlich in ein Taxi steigen wollen. Aber wir streifen sie so dicht, daß sie fassungslos außer Kontrolle geraten. Die sind wohl nicht aus Tokio.

Stundenlang ziehen wir drei so durch die Stadt, immer wieder im Schutz der Limousine, aber auch beim Schaufensterbummel in einer belebten Fußgängerzone, gemeinsam in einem Restaurant. Da würzt sie die Kroketten an ihrer Möse - mein Einfall zwar, aber ich sehe es mir nicht an. Die anderen Gäste starren hin, durchaus mit Gier, wir sind an der Reeperbahn. Nach dem Essen kommt der gewaltigste Augenblick, als wir in einem Pornokino einen wildfremden Mann animieren, sie vor den verblüfften Gaffern ausgiebig zu ficken. Safe, versteht sich, aber an der Kette. Und sie schreit: »Ich bin deine Hure – ich werde gefickt für dich – ich bin deine Hure.« Ich bin geschockt und beeindruckt, so gellend schreit sie ihre Lust heraus. Wie meine Mutter beim Tod meines Vaters geschrien hat, aber diese Frau kreischt aus hemmungsloser Lust. Und sie will immer noch mehr. Ich rufe einen brutal harten Callboy an, dem wird sie überlassen, und er nimmt sie vor unseren Augen ran. Ewig dauert das; ab und zu nicke ich dabei ein. Ich weiß sie ja in guten Händen. Wir haben ihr einen Traum erfüllt, hellwach gelebt. In frei gespielter Haut.

1992, im Jahre des Herrn, den ich noch immer nicht gefunden habe, sitze ich nackt in Wolfgangs kleiner Küche und schreibe. Er ist Callboy in Berlin.

Ich sollte im Haus am Meer sein, seit zwei Jahren lebe ich dort. Auf einer Theaterprobe sollte ich sein, davon habe ich gut gelebt. Auch als Callboy und als Sklave – und was sonst noch alles, heimlich wirklich wahrgelebt. Meine Lust doppeltdreifach. Kein Salto mortale. Das Haus steht in Frankreich, dort könnte ich jetzt schluß und endlich leben.

Ich wäre gern wie Wolfgang in mir selbst zu Haus, nicht immer noch unterwegs. Wieso bin ich jetzt in Berlin? Nicht seinetwegen, er ist für mich allenfalls der jüngere Bruder, den ich mir gewünscht habe, mir vertraut in allen ›Abarten‹. Er lebt sie maßvoller als ich.

Wolfgang liebt seine winzige Wohnung, die ist nicht zu teuer, so daß sie keine Last wird. Seine öffentliche Telefonnummer bringt ihm nicht Sex genug, dafür hat er vorm Haus zwei Klappen und einen Park. Außerdem die schwule Szene von Berlin, aber die ist ihm schon zu mühsam. Und ganz gewiß soll ihm kein fester Freund das freie Leben veröden.

In Frankreich könnte ich jetzt auf der Terrasse sitzen und übers Meer hin träumen. Und träume von Kellern und Exzessen auf hoch gespanntem Seil und, wo möglich, ohne Netz. Lange Jahre habe ich das spielgelebt, Schauspieler in der hellen Außenwelt, Schauspieler auch in meinen schwarzen Studios. Wer wollte, durfte mich haben. Die meisten wollten leider, daß ICH ihnen den Sado machte, todernsthaft, einfühlsam. Ich war auch das, für sie. Bis es mich nur noch müde machte. All die Wiederholungen. Wenn überhaupt, dann soll das keine Rolle mehr sein, dann muß es sich steigern in wirkliches, auswegloses Maso-Leben. Mit Lust, was sonst. Reale Gewalt ist widerlich.

Freunde aus Berlin fragten, ob ich nicht aufschreiben will, was ich erlebt habe. Ich sagte nein, und jetzt reizt es mich doch, aus einem Grund: Alles zu erzählen – kann mir das offenlegen, wohin ich weiter leben soll?

Vergangenheit interessiert mich nur als Zukunft. Nicht mehr pendeln zwischen edlen Bühnen und elenden Buden mit verkaufter Haut, nicht mehr pendeln zwischen Träumen von Sicherheit und Sattsein und Gier und Sumpf und Wärme. Anhalten, aufdecken und offen weiter, mit meinem gelebten Leben weiter!

Heute sitze ich nackt in Berlin.

I

Wie präzise sind Erinnerungen? Meine frühesten beginnen verläßlich mit zweieinhalb Jahren – es war Weihnachten, im Krieg. 1943, unser letzter Winter in Ostpreußen.

Es kommt ein Weihnachtsmann, vor dem ich Angst habe. Ich soll seinen Sack anfassen! Da ist ein großer, sperriger Karton drin. Ich bleibe bei meiner Mutter auf dem Schoß hocken, in Sicherheit, halte schützend die Hände vors Gesicht – und schaue zwischen den Fingern durch. Mein Bruder traut sich.

Im Sommer drauf mußten wir fliehen, da wurde ich drei.

Meine Eltern hatten sich sehr jung in eine Ehe gestürzt, der Vater war einundzwanzig, meine Mutter neunzehn, beide unglücklich über ihre eigenen Eltern. Der Traum meiner Mutter wäre eine akademische Laufbahn gewesen, aber ihr Vater hatte sie mit dem Einjährigen von der Schule genommen, als Mädchen brauche sie kein Abitur. Im Gegensatz dazu hatte mein Vater das Gymnasium in der Unterprima verlassen, aus Zorn gegen seinen älteren Bruder, der in allem glänzte und in jeder Weise bevorzugt wurde. Mein Vater weigerte sich auch, Kaufmann zu werden, wohl aus Opposition gegen das Elternhaus; als Steuerberater blieb er lebenslang mit kaufmännischen Themen beschäftigt.

Seine Eltern habe ich nie erlebt, sie waren gestorben, ehe ich geboren wurde, der Großvater ein Lebemann, in jungen Jahren vom Schlag getroffen. Nach seinem Tod fand meine Großmutter in seinem Schreibtisch die Belege von Alimentezahlungen für drei Kinder, von denen sie keine Ahnung hatte. Auch er hatte seine zwei Leben. Als er im Sterben lag, ging mein Vater zu ihm, um sich auszusöhnen, der Großvater drehte sich wortlos zur Wand.

Energisch gesteuert von meiner Mutter, war mein Vater rasch erfolgreich. Ich wurde geboren in einer riesigen Etagenwohnung, deren Korridor uns Kindern eine Rennbahn von fünfzehn Metern bot. In der Wohnung war auch »das Büro«, mir von Kind an ein Begriff. Wir lebten in der Kleinstadt Goldap in Ostpreußen, mein Vater war längst im Krieg, für mich schon früh nur Gast, ein freundlicher Besucher, eher schweigsam, der mir einen Teddy schenkte, größer als ich selbst.

Meine Mutter organisierte souverän den Haushalt und zugleich seine Steuerpraxis, sie hatte eine Sondergenehmigung und durfte meinen Vater vertreten, obgleich sie nur zur Buchhalterin ausgebildet war. Ich kannte sie in dieser alles dirigierenden Position, pendelnd zwischen Büro und Haushalt, entlastet von zwei Pflichtjahr-Mädchen, die sich um uns Kinder kümmerten.

Ich war der jüngste von drei Buben, die Brüder spielten andere Spiele als ich. Meine Mutter erzählte später, daß ich an einem Vormittag alleine in die Stadt spazierte. Niemand wußte, wohin ich verschwunden war, hellste Aufregung einen ganzen Tag lang. Ich wurde von der Polizei gesucht, kam jedoch abends vergnügt und munter allein nach Hause. Davon wüßte ich gar nichts, wenn ich nicht irgendwann meine Mutter gefragt hätte: »Wieso war ich im Hof an einem Wäscheseil angebunden?« – »Wer hat dir das erzählt?« – »Niemand.« – »Aber du warst keine drei Jahre alt!« Und sie erklärte mir, warum sie das veranlaßt hatte; es war am Morgen nach meinem Ausbüxen in die Stadt.

Das Wäscheseil war um meinen Bauch geknotet und am Zaun befestigt, es störte mich nicht sofort, ich kam nur nicht an den wunderbaren Sandknatsch ran, mit dem die anderen Kinder vor meiner Nase herumpatschten. Sie fanden es lustig, daß ich zu kurze Arme hatte. Bis mir das zu dumm wurde und ich mein Seil einfach abstreifte. Drauf zeterten die los und verpetzten mich bei meiner Mutter, was mich nicht beunruhigte, ich saß und spielte mit Wonne in dem Knatsch. Mama schaute irgendwo oben aus dem Fenster, ermahnte mich wohl, aber das Seil war ich los. Und wurde nicht mehr ausgelacht.

Ich habe auch nicht vergessen, daß mir meine Brüder

damals feixend einen Pißpott gaben, zum Trinken. Ich war noch immer keine drei Jahre alt und weiß doch genau, was ich dachte: Wenn die glauben, ich mach es nicht, dann mach ich es erst recht. Deutlich sehe ich den Pott vor mir, wie mein Gesicht da drin verschwindet, es ist fast dunkel, ich erinnere mich an keinen Geschmack oder Ekel, habe wohl nur so getan, als ob ich trinken wollte, und ihnen den Pott zurückgegeben: »Das ist bähbäh.« Sie hauten lachend ab.

So frühe Gedanken, so deutlich erinnert? Es sind immer nur kurze Sequenzen, aber die voll hellstem Bewußtsein.

Meine Mutter war kleiner als mein Vater, dunkelhaarig wie er, eine zeittypisch brave Schönheit, dezent, immer angespannt in Verantwortung und Entschlossenheit. Es blieb keine übermütige Spielzeit mit uns Kindern, nie waren wir körperwohlig miteinander. Das hatte sie von ihren Eltern nicht gelernt, so wenig wie mein Vater. Ich kann mich an Nähe nicht erinnern.

Ich sitze auf einem niedrigen Hocker in der Küche, esse ein Stück Hefekuchen, seitlich mit Butter bestrichen, und beobachte meine Mutter. Sie steht im Morgenmantel, hat eine Scheibe Brot in der einen Hand, in der anderen eine Tasse. Steht und stiert. Träumt mit weit offenen, unbewegten Augen, ihre Hände führen das Brot zum Mund, die Tasse, der Blick bleibt starr auf einen Punkt gerichtet. Ich fühle, sie steht hier in der Küche und ist zugleich weit fort von mir. Eine sehr fremde Mama.

Noch immer in Ostpreußen, noch immer keine drei Jahre alt, spielte ich mit einer Rasierklinge und verletzte mich an der Hand, zwischen Daumen und Zeigefinger. Es blutete. Ich ging zu den Kindermädchen und wollte ein Pflaster. Sie meinten, das würde von selbst aufhören. Aber ich blutete doch! Ich flehte sie an, sie lachten. Ich weinte nicht, sondern ging in ein anderes Zimmer, hockte mich dort unter den Tisch – weil ich nun sterben mußte! Ohne Pflaster würde alles Blut auslaufen. Ich erinnere mich, wie gefaßt und ernst ich dort auf den Tod wartete. Wieso bedeutete auslaufendes Blut den Tod?

Einige Jahre später fand ich zufällig ein braunes altes Foto: mein Urgroßvater aufgebahrt im offenen Sarg, Kerzen, Blumen, ein weißhaariger Mann. Das faszinierte mich ungemein, ich bewahrte es heimlich auf und betrachtete es oft. Der Tod hatte keinen Schrecken. Nur irgendein würdevolles Geheimnis.

Der Weihnachtsmann, auch weißhaarig, war nur gespielt, das spürte ich sofort. Ich traute mich nicht an den Sack, aus Mißtrauen vor dem Spieler (meinem Onkel), der war so übertrieben bösefreundlich. Offenbar durchschaute ich die Verkleidung, denn es erschreckte mich nicht, als ich einige Wochen später in einem der Büroschränke seine Pappmaske fand. Ich ging sofort zu meiner Mutter, sie war gerade in der Küche, ich schaute zu ihr hinauf und sagte, wissend unschuldig: »Im Büro liegt das Gesicht vom Weihnachtsmann im Schrank.«

Unsere Flucht verlief nicht sehr dramatisch. Weitsichtig brachte meine Mutter uns schon ein Jahr vor Kriegsende in Sicherheit. Wenig später flohen die Menschen zu Fuß in endlosen Flüchtlingstrecks, das hätte ich Winzling bestimmt nicht überstanden. Mein Großvater, der Bahnhofsvorsteher, weigerte sich, ihr die Fahrkarten zu geben, als sie mit uns weg wollte: »Wir bleiben hier, und wenn es sein muß, sterben wir alle gemeinsam.« Sie stieg im Zorn und ohne Billetts in den Zug. Der Großvater sprang in letzter Sekunde auf, am nächsten Bahnhof stand er vor ihr und gab ihr die Karten und Geld. Sie weinten und sahen sich nie wieder.

Für mich war das alles nur eine lange Bahnfahrt, ich habe sie verschlafen, auf dem Schoß von freundlichen Soldaten. Meine Mutter erzählt, sie stand im Gang, ihre Beine gegen einen Koffer gestemmt, auf dem meine Brüder hockten, und hielt sich fest am Fenstergriff, achtzehn Stunden.

Als Kind war meine Mutter in der Rhön zum Skilaufen gewesen und hatte deshalb blind dieses Ziel für uns ausgewählt. Angekündigt bei einer entfernten Tante, schleppten wir uns, müde von der Reise, den Berg zu ihrem Haus hoch. Da riß sie das Fenster auf und schrie zur Begrüßung: »Ihr seid ja doch gekommen! Habt ihr meine Karte nicht gekriegt?«

Meine Mutter suchte uns eine provisorische Bleibe – noch war Deutschland nicht verloren. Die Rhön empfand sie als sicheren Zufluchtsort. Zwanzig Kilometer westlich der späteren Zonengrenze!

Zunächst lebten wir sehr beengt in zwei winzigen Zimmern. Als meiner Mutter klar wurde, daß wir nicht mehr zurückkehren konnten, begann sie ein neues Steuerbüro zu organisieren, ohne meinen Vater. Ihn mußte sie erst einmal holen. Da gab es eine dunkle Geschichte im Rheinland, wo mein Vater in fideler Gesellschaft lebte, in Panik vor der verlorenen Existenz und dem mühevollen Neubeginn mit Frau und drei Kindern. Resolut spürte meine Mutter ihn dort auf.

Nun war mein Vater aus dem Krieg zurück, aber Frieden gab es zu Hause nicht. Mama, jahrelang für alles alleine verantwortlich, war am Ende ihrer Kraft. Nächtelange, laute Streitereien. In der kleinen Behausung entging uns Söhnen kein einziges Wort.

Eines Nachts saßen wir beieinander und berieten, zu wem wir gehen wollten, »wenn die sich endlich scheiden lassen«. Immer wenn ich später so mit meinen Freunden stritt, war ich entsetzt darüber und brach lieber die Beziehung ab, als rumzubrüllen wie meine Eltern. Vor allem wollte ich nicht so streiten wie meine Mutter, so nachtragend, so aufgestaut, so verletzt verletzend.

Sie war selbst als Kind furchtbar verstört worden, viele Male. Als sie kaum vier Jahre alt war, wurden die Deutschen aus ihrer Heimatstadt Posen, die 1919 polnisch wurde, vertrieben. Vorübergehend mußte die Familie in einer Hütte leben, nur ein großer Raum, darin ein mannshoher Kamin. Meine Mutter wußte, daß ihre Mutter ein zweites Kind erwartete, denn »der Storch wirft das Baby durch den Kamin, jeder muß aufpassen und schnell die Schürze aufhalten, wenn es runterkommt.« Der Großvater hatte die Vertreibung nicht verkraftet, er trank, stritt, schlug seine Frau. Prügel für die Schwangere vor den Augen der Kleinen. Das Baby wurde tot geboren. Da sagte meine Großmutter zu meiner kleinen Mutter: »Du hast die Schürze nicht aufgehalten!«

Sie hatten kein Geld für eine Beerdigung, also wurde das tote Kind in eine Holzkiste gelegt, die der Großvater heimlich nachts auf dem Friedhof verscharrte. Meine Mutter pflückte den ganzen Sommer Blumen und brachte sie weinend dem Baby auf den Friedhof, weil es durch ihre ›Schuld‹ gestorben war.

Die erzwungene Nähe in der engen Kindheitswohnung schuf aber auch Momente glücklicher Geborgenheit. Die Düfte der Adventszeit, die frisch gescheuerten Dielen, dann der Frühling, weiße Gardinen, offene Fenster. Nichts blieb uns voreinander verborgen. Die kleine Küche war zugleich Wohnzimmer und Mittelpunkt unserer Alltage. Hier schlief meine Mutter auf dem Sofa, wir Männer samt Vater hatten doppelstöckige Betten im zweiten Zimmer. Eines Tages zählte uns Mama andachtsvoll neue Geldscheine auf ihrem Sofa vor, vierzig Mark pro Kopf. Wir standen staunend drumherum.

Ich wußte, es war ein improvisiertes Zuhause. Später würde ich ein großes Haus besitzen. Einmal lag ich nachts im Bett und dachte: Meinen Kindern will ich verschweigen, daß ich ein großes Haus habe, sie sollen ihre ersten Jahre mit mir auch in einer winzigen Wohnung verbringen. Damit sie beides kennen.

Philosophische Kindergedanken. Einmal hatte ich Pech, irgend etwas ging kaputt. Um ein Haar wäre es gutgegangen. Da dachte ich: So unglücklich, wie ich jetzt bin, weil es um Millimeter schiefgelaufen ist, so glücklich will ich in Zukunft immer sein, wenn es um Millimeter nicht schiefgeht.

Ich half mir oft mit Phantasien. Einige Jahre lang war dies die wichtigste: Ich bin gar nicht das Kind meiner Eltern. Ich bin ein verborgener Prinz.

Viele Geschichten von dramatischer Flucht hatte ich bis dahin gehört, wir saßen in unserer kleinen Küche; alle Neuankömmlinge, meine Tante, mein Onkel, meine Großmutter, alle hatten ihre Geschichte. Da erfand ich mir meine eigene. Ich war in den Wirren der Flucht von allerhöchsten Herrschaften, um nicht zu sagen: vom König selbst, diesen einfachen Leuten anvertraut worden. Sie konnten natürlich nicht wissen, wie sie mit einem jungen Prinzen umzugehen hatten. Deshalb verzieh ich ihnen, übersah ihre Armut, ordnete ihre Ungerechtigkeiten ein, ihr schmerzendes Unverständnis (meine Mutter hatte furchtbar viel zu tun), alle ihre groben und plumpen Fehler. Merkwürdigerweise erwartete ich nie, daß ein Herold des Königs auftauchte, um mich zurückzuholen. Mir genügte die Tatsache, ein Prinz zu sein. Später verschlang ich Mark Twains »Prinz und Bettelknabe« wie im Rausch, ein herrlich dickes Buch, ich war dankbar für jede Zeile, mir urvertraut.

Das Spiel als Prinz hatte auch eine öffentliche Dimension. Ich war nicht unbeobachtet. Damals gab es noch kein Fernsehen, aber Kinos. In meiner Phantasie wurde ich vom Aufwachen bis zum Abend gefilmt, auf Schritt und Tritt, denn im fernen Land meines Volkes standen den ganzen Tag die Kinos offen, jeder konnte sich dort die Filmberichte über mich, den Kronprinzen, ansehen: wie ich mich täglich in der Fremde bewährte, meine Würde wahrte, auch in der Armut, unter diesen Leuten. Ich verhielt mich natürlich so, als existierten die Kameras nicht. Außer am Abend, kurz bevor ich meine Kleidung ablegte, um ins Bett zu gehen; da wandte ich mich überraschend der Kamera zu, verabschiedete mich von meinem Volk und zog mich in mein Schlafgemach zurück.

Das war der Beginn meiner zwei Welten, die ich noch immer lebe. Und der Beginn meiner Lust am Schauspielen. Allerdings kam es zu einem brutalen Erwachen. Ich war etwa zwölf, als in Fulda, wo ich mittlerweile aufs Gymnasium ging, ein Film gedreht wurde, passenderweise »Königliche Hoheit« mit Dieter Borsche. Im Schloßpark wurden Außenaufnahmen gemacht, man konnte aus der Entfernung zuschauen. Ich war entsetzt! Film war meine geheime Gegenwelt. Eines Tages würde ich nicht Prinz sein, aber ein Star, der eine Vielzahl von Rollen lebte. Und nun sah ich, wie betrügerisch es da zugeht, daß sie alles trickreich aus winzigsten Schnipseln zusammensetzen, mit skrupellos technischem Aufwand. Eine Nachtszene am hellichten Tag, die großen Emotionen in sekundenkurzen Etappen, ohne jede Chronologie, alles nur gemacht, künstlich, technisch. Meine zukünftige Welt – nichts als Pappmaché. Das war ein Schock, den ich wochenlang nicht verkraftete. Ich hatte niemanden, mit dem ich darüber sprechen konnte.

Überhaupt der entscheidende Mangel meiner Kindheit: Phantasien fliegen aus meinem Kopf in Welten, die ich irgendwoher kenne, aber zu meiner Realität passen sie nicht. Das macht aus einem gesprächsoffenen, neugierigen Kind ein verschwiegenes Doppelwesen. Ich spiele euch einen Jungen, der ich nicht bin.

Ein lustiger amerikanischer Soldat hatte mir als Vierjährigem das Lied »You are my Sunshine« beigebracht. Ich sang es ihm von den Lippen nach, zwei Strophen konnte ich fehlerfrei. Meine Tante arbeitete im Lazarett der Amerikaner, einer riesigen Villa im Park. Eines schönen Sommertages stand ich dort allein in der Halle und spürte, zu diesem Ort und Nachmittag könnte mein Lied sehr gut passen. Also sang ich es. Kleiner deutscher Knirps in Spielschürze, nach diesem Krieg, steht mitten im amerikanischen Lazarett und singt: »You are my Sunshine...«

Ich sah die ersten Köpfe überm Geländer der Galerie auftauchen. Ein junger schwarzer Soldat kam die Treppe herunter und stopfte mir meine Schürze randvoll mit Schokolade.

Ich setzte mich auf die Wiese hinter dem Lazarett, den Blick auf die Stätte meines Erfolges, und futterte mit Behagen alle Schokolade auf. Verdient.

Mit dickem Schokoladebart kam ich nach Hause. Meine Mutter saß im Zimmer vorm Fenster und nähte. Schaute kurz auf: »Du hast Schokolade gegessen.« – »Ja.« – »Du hast deinen Brüdern nichts abgegeben.«

Bis heute weiß ich nicht, was mir, wie auch ihr, leichter fällt: mich mit anderen zu freuen – oder ihnen mit einem nüchternen Satz alles zu zerstören.

Um meiner Mutter zu zeigen, wie mein Computer funktioniert, wollte ich ihr neulich einen Satz auf den Bildschirm schreiben, den sie dann selbst tippend beantworten sollte. Ich überlegte kurz, was ich sie fragen könnte, und schrieb:

»Was magst du an mir?«

Sie betrachtete lange den Text auf dem Bildschirm, ratlos.

»Nicht«, sagte sie dann, »das muß heißen: Was magst du *nicht* an mir!«

Nie käme es ihr in den Sinn, daß einer für sich selbst sowas Positives fragt. Ganz davon abgesehen, daß sie viel zuviel an mir mag.

Als ich fünf oder sechs war, wurde mal bis spät abends gefeiert, ich lag im Bett und konnte nicht schlafen. Wußte aber, meine Mutter würde in Abständen nach mir schauen. Also strampelte ich mich ›im Schlaf‹ frei, die Bettdecke beiseite, mein Hemd hoch, den blanken Hintern zur Türe hingestreckt. Damit sie es nur ja nicht übersah, zog ich die Knie an, den Hintern hoch. (Noch heute ist das eine meiner entspanntesten Stellungen beim Sex.) Es war die erwünschte Sensation: »Jetzt seht euch an, was der Junge macht!« Ich wurde berührt und zugedeckt. Auch ausgelacht, aber das nahm ich als Erfolg nicht als Strafe. Noch wurde nur gelacht, Kinder sind ja nicht sexuell! Mein nackter Po war für sie ohne Schuld.

Aber schon mit acht Jahren erlebte ich ihr Gelächter als unvergeßlichen Schmerz. Mit einem Jungen und einem Mädchen aus der Nachbarschaft hatte ich uns ein kindliches Picknick gerichtet, auf einer Wolldecke in einer abgelegenen Sommerwiese. Ich weiß nicht, wessen Idee es war, wir zogen uns nackt aus. Ich fand es äußerst angenehm – und blieb nicht nur brav auf der Decke, sondern wagte mich weiter und immer weiter von dort fort.

Die beiden rufen mich zurück, das steigert nur meine Lust. Bis zu dem Punkt, als ich, entfernt auf einem Feld, einen arbeitenden Bauern sehe. Der könnte auch mich sehen. Ich stehe dort lange – nackte, mutige Minuten. Mit einem wunderprickelnden Gefühl in mir.

Dieses Hochgefühl war so lebhaft, daß ich Tage später, wieder an einem sonnenhellen Nachmittag, eine ganze Gruppe von Kindern dazu verführte, nackt auf einer Wiese herumzutollen. Spielerisch die Übergänge, einfangen, festhalten, einander die Hosen runterziehen, sich lachend immer wieder bekleiden, bis es in eine Art Mutprobe überging. Dann waren alle restlos nackt. Wir lachten und rannten frei umher. Weiter nichts. Unvorsichtigerweise aber in der Nähe unseres Hauses. Mein Onkel kam vorbei, ich registrierte sogar, daß er uns sah, aber das zählte nicht im Lustgetobe. Beim Abendessen erwartete mich eine hämische Front, sie saßen am Tisch und fielen mit bösem Gelächter über mich her. Fremde Gesichter, Fratzen! Ich am Pranger. Niemand läuft frei nackt herum, auch ein achtjähriges Kind nicht, noch dazu mit Lust. Mir blieb nichts anderes, als vor ihrem gnadenlosen Spott unter mein Bett zu fliehen. Als Demutsgeste. Ich verkroch mich, damit sie glauben konnten, ich bereute und schämte mich. Aber ich weinte aus Wut. Sie hatten meine Lust verhöhnt.

Nach dem verlachten Debakel dieser Wiesenspiele war mein freies Nacktsein erst einmal verstört. Aber es gab im selben Sommer einen anderen unvergeßlichen Moment widersprüchlicher Lust. Ein Jungbauer aus dem Dorf hatte mich eingeladen, sonntags im offenen Pferdewagen mit ihm auszufahren. Meine Mutter war mal wieder nicht begeistert, ihr Kind erst schutzlose acht Jahre alt! Sie verzögerte mit allen Finessen, zuerst bei Tisch, es dauerte und dauerte, und als ich endlich loswollte, bestand sie plötzlich darauf, daß ich für die Fahrt einen sehr umständlich zu knöpfenden weißen Strickanzug trug. Ich war in höchster Anspannung, wollte die Abfahrt nicht in letzter Sekunde verpassen und zappelte beim Knöpfen von einem Bein aufs andere. Endlich lief ich den Berg runter auf den Bauernhof zu und sah von weitem die Kutsche davonpreschen! Ich schrie und winkte und rannte, und der Jungbauer saß gar nicht allein im Pferdewagen, da waren noch andere, ich hatte sogar das Gefühl, die sahen mich, aber sie hielten nicht mehr an, ich rannte wie noch nie – und dann urplötzlich dieses wundersam abwärts ziehende Gefühl zwischen den Beinen, das unwiderstehlich anschwoll, heftiger als mein Wunsch, die Kutsche zu erreichen, ich lief noch ein paar Schritte, blieb stehen mit gekreuzten Beinen, leicht vorgebeugt, sah die Kutsche davonfahren und hatte dieses übermächtige Gefühl.

Danach war ich ratlos, wußte nichts Rechtes mit mir anzufangen, und noch weniger war mir klar, warum auch meine Lust an dem Ausflug regelrecht verblaßt war gegen diese Sensation irgendwo da unten im Bauch. Sollten die doch fahren. Der süße Sog zwischen meinen Beinen war, *weil* ich sie abhauen sah, gemein, im offenen Wagen ohne mich – und plötzlich kam es auf die Kutsche nicht mehr an. Verwirrt registrierte ich das.

Viele Jahre später gestand mir meine Mutter, daß sie als Kind auf einem Pferdewagen belästigt worden war. Deshalb verhinderte sie meinen Ausflug und verhalf mir, ungewollt, zu meinem ersten masochistischen Orgasmus.

Ich war elf, als ich Nachbarsjungen dazu verführte, mit mir ›junge Wilde‹ im Wald zu spielen. Wir waren nackt, die Klamotten im Gebüsch versteckt, wir liefen wie junge Katzen in immer größeren Kreisen durch den Wald. Einmal waren wir zwei Stunden weit entfernt von unseren Hosen – als ganz in der Nähe ein Ast knackst! Schritte? Wir auf und davon. Verfolgt uns einer, sind wir erkannt? Dieser Reiz der Schande, dieser Rausch von Freiheit in nackter, wilder Flucht...

Ich war ein zimperlicher Knabe, unsportlich, verfroren, und zu Hause war nie jemand nackt. Meine Mutter gestand mir später, sie habe nicht mal meinen Vater nackt gesehen, niemals! Sex nur im Dunkeln, mit hochgehobenen Nachthemden. Und jetzt lauf ich nackt am hellen Tag die Waldwege lang, geschmeidig durchs Gebüsch, selbst bei Regen, die nackten Füße, der Wind auf meiner Haut... Das entfesselt Energien, die ich nicht kenne. Alle Sinne frei, kein Widerspruch zwischen Körper und Kopf. Keine Scham. Und abends bei Tisch sehe ich meine Familie an und denke: Wenn ihr wüßtet!

Natürlich kam es im Wald zu Berührungen. Scheues Betasten, Haut, Düfte, Wald, Wärme. Auch der Schwanz, ja, aber achtete ich besonders drauf, daß der dabei steif wurde? Nein. Einmal steckte ich ihn einem Jungen zwischen die Beine, wir umarmten uns, alles eine unwissende Bewegung, da sackten mir die Knie weg für eine Sekunde, mir wurde schwarz vor Augen, lautloser Knall im Kopf. Und der Junge wischte sich die Schenkel und fluchte furchtbar. Ich wußte gar nicht, worüber er sich aufregte. Auf dem Heimweg erklärte er mir, da käme so ein Saft raus, mit dem der Mann der Frau Kinder machte. Das war mir weniger wichtig – aber dieses Gefühl!

Ich nutzte danach jede geheime Minute, um diesen Saft hervorzureizen, vom Schwanz durchs Hirn und über die Haut ein Rieseln und Rasen, diesen Saft, der unwiderstehlich rausspritzte wie weißes Blut aus einer offenen Wunde. Hinterher ernüchterte Ödnis. Ich fühlte mich als der kranke Sohn in verbrecherischen Freiheiten.

Habe ich mich schon seit dieser frühen Jugend vom Zuhause entfernt? Oder war dieses Befremden zwischen uns noch früher da? Ein Kind glaubt den Eltern alles, Zweifel wachsen fast unbemerkt. Noch heute sucht mein wohlerzogener Kopf nach Harmonien, während sich mein Körper eigene Gesetze ertrotzt.

Ich bin nicht so töricht, meine Gelüste der Familie anzulasten. Eine Last sind sie ja auch nicht. Die Beschämung habe ich selbst provoziert. Mag sein, einiges wäre besser gelaufen, wenn meiner Familie nicht so früh der Humor ausgegangen wäre. Aber die Picknick-Decke hatte ich verlassen, noch bevor sie mich auslachten. Es gab den Reiz der nackten Freiheit von Anfang an. Und mein Leben lang habe ich mit Lust solche Grenzen gesucht. Noch letzten Sommer bin ich an einem bekannten Autobahntreff nackt aus dem Auto gestiegen, auf den Parkplatz und von dort in die Büsche. Da habe ich allerlei harmlosen Sex angezettelt, bis ein Gewitter losbrach mit fetten Regentropfen. Und in aller Ruhe bin ich zu meinem Wagen zurückgegangen, mitten durch den prasselnden Regen, vorbei an den Gaffern, die sich abwartend in ihre Autos geflüchtet hatten.

Ich war niemals der klassische Exhibitionist, der mit seinem Ständer wehrlose Kinder oder Omas erschreckt. Es hat seit jenem Kinder-Picknick unzählige nackte Eskapaden gegeben, und nie war mir wichtig, ob ich einen Ständer dabei hatte, die Lust beschränkte sich nicht auf ein Glied. Ich spürte meine preisgegebene Haut und das erregende Spiel mit dem Tabu. Den Bauch voll Wonne wollte ich, immer wieder, in allen neuen Abenteuern, nur dieses balancierende Gewühle tief in mir, stärker als alle

Warnungen. Mit elf Jahren war ich nackt im Wald glücklicher als jemals in euren Häusern.

Zu der Zeit, als wir so frei durch den Wald tobten, träumte ich auch davon, als Kind in einem Slum zu leben, bei Eltern, die aus Not ihre Kinder nackt auf der Straße herumlaufen ließen, tagtäglich. Es gab so arme Kinder wirklich; ich hatte Fotos von Slums gesehen, die waren für meine kindliche Phantasie ein erregender Traum, wie Reiseprospekte. Alltäglich nackt sein, aus Not erlaubt!

Das durfte ich nur im Badezimmer, bei verschlossener Türe. Da spielte ich mein liebstes Spiel: einem imaginären Herren das Bad herzurichten. Ihm Handtücher bereitzulegen, duftendes Öl ins Wasser zu mischen. Nackt auf dem Boden zu hocken und seine Befehle zu erwarten. So früh schon.

Wie viele kindalte Spiele habe ich mit Erwachsenen gespielt, weil sie mir ihre geheimsten Lüste anvertrauten. Wie sehr ist unser Sex von frühesten Phantasien geprägt. Und wie gemein werden die uns zertrümmert.

In welchem Jahr lief bei uns »Bus Stop« mit Marilyn Monroe? Ich glaube, es war 1956. Damals war ich fünfzehn, wir standen auf dem Schulhof, und einer hatte das Programmheft zum Film. Man ergötzte sich an den Fotos ihrer unglaublichen Titten! Ich hatte keine Ahnung, worauf ich mich festlegte, als ich mit aufrichtigem Zweifel verkündete: »Ihr könnt mir doch nicht weismachen, daß euch diese Dinger aufregen!« Ich dachte, wenn mich Titten kalt ließen, müßte das auch für andere gelten. Als ich heftigen Protest auslöste, setzte ich furchtlos noch einen drauf: »Das einzige, worum ich Frauen beneide... Sie können auf den Strich gehen. Wenn ich kein Junge wäre, würde ich Nutte.« Keiner glaubte mir das – ich war selbst überrascht, so was gesagt zu haben. Ich wußte nicht mal, daß es männliche Nutten gab. Das erfuhr ich erst, als mir zufällig ein

Buch von Curzio Malaparte mit dem vielversprechenden Titel »Die Haut« in die Hände fiel. Dessen Knaben verkauften sich in Neapel, das war weit, weit weg.

»Ich kann doch davon ausgehen, daß du *so was* nicht machst?« Ach du liebe Güte, ich träume von Hurerei, und meine Mutter redet tatsächlich von Rückenmarksschwund...

Aus heiterem Himmel fragte sie das, wir gingen harmlos durchs Städtchen, und plötzlich drohte sie mir: »In den nächsten Tagen werde ich dich und deinen Bruder zum Arzt schicken, der kann das feststellen.« Sie wollte nicht, daß wir krank wurden, die ahnungslose Mama. In einigen Tagen nahte also unausweichlich die Katastrophe.

Meine Erinnerung an diese paar Tage ist vernebelt von diffusen Ängsten. Blitzhell nur der Moment auf der Straße, als sie damit rauskam. Dunkel ein kurzes, verstörtes Gespräch mit meinem älteren Bruder, das einzige Mal in unserem Leben, wo wir uns so etwas wie Solidarität anboten, natürlich ohne uns gegenseitig Fakten einzugestehen. Wir waren uns nur einig gegen sie.

Vor dem Besuch beim Arzt ein letztes friedliches Wochenende. In der Kirche machte ich Gott die feierlichsten Versprechungen. Falls er dieses eine Mal noch ein Wunder geschehen ließ.

Am Montag wurde ich nach der Schule zum Arzt geschickt. Er folgte dem Ansinnen meiner Mutter eher kopfschüttelnd, das sei zu seiner Ehre angemerkt, aber dies geschah in der Blüte der bekotzten fünfziger Jahre, der Arzt konnte sich nur zu einer verharmlosenden Geste aufraffen, einem ironischen Heben der Augenbraue. Kein offenes Wort. Wir waren allein im Zimmer. Ich sollte in ein Glas pinkeln. »Am Urin«, hatte meine Mutter uns verkündet, »wird es der Arzt erkennen!« Seit ihrer plötzlichen Attacke hatte ich nicht mehr onaniert, aber würde diese kurzfristige Enthaltsamkeit genügen, um die Spuren in meinem Urin zu tilgen? Ich mußte die Frist hinauszögern! Also sagte ich zum Arzt: »Ich hab grad erst in der Schule... Jetzt kann ich nicht.« Er drehte den Wasserhahn auf, das sollte mich animieren. Aber ich widerstand. Das brachte immerhin einen Tag Aufschub. Einen weiteren keuschen Tag. Zeit für dringliche Gebete.

Sie wurden erhört. Zwar bekam der Arzt tags drauf meinen Urin als Indiz, und es folgten Höllentage, aber dann verkündete meine Mutter bei Tisch: »Übrigens, der Arzt sagt, es ist alles in Ordnung.« Mein mittlerer Bruder verriet sich mit keiner Regung. Der Älteste, sechs Jahre über mir, fragte ahnungslos: »Was ist in Ordnung, wer ist krank?« – »Niemand!« sagte meine Mutter, und das Thema war für sie erledigt.

Nicht für mich. Es folgten Jahre qualvollster Selbstvorwürfe, krasse Wechsel von ›sündiger‹ Onanie und demütiger Reue. Offensichtlich nutzte ich die Moral, um mein Schwanken lustvoll aufzuladen, Mut und Zweifel, Geilheit und Gewissensbisse, ein Taumel leidenschaftlicher Gefühle. Es nahm groteske Ausmaße an. Peinlichste Eintragungen in einem Tagebuch (gottlob verlorengegangen), der Konflikt tobte bis weit nach dem Abitur, sogar noch auf der Schauspielschule und besonders dort – ich, zu großen Taten berufen und so früh schon scheiternd an mir selbst! Wenn einer schon zu schwach ist, dieses Laster zu beherrschen, was soll aus dem wohl werden?

Mit fünfzehn durfte ich in den Sommerferien nach Frankreich fahren, zu einem Brieffreund. Der Junge war ein Teufel. Ich war ihm verfallen von der ersten Sekunde an. Nein. Ich habe ihn geliebt.

Zuerst dieses winzige Foto, ein verträumtes Kind mit schwarzem Stoppelhaar. Aus einem fernen Land. Ich saß in meinem Zimmer und hielt das Bild in der Hand, endlos. Dann die Sommerferien, eine ewige Autoreise, plötzlich waren wir in einer großen Landhausküche, schnatternde Verwandte standen um einen riesenrunden Tisch herum.

Ich sah nur dieses Kind auf der anderen Seite, einen Kopf kleiner als ich, ausgeprägte Adlernase, schmuseschöne Lippen, besitzergreifende Augen durch mich hindurch, ich wußte, er durfte alles von mir verlangen.

Einziges Kind, sehr eigensinnig, robust sportlich mit seinen kräftigen Beinen und seiner willensstarken Zähigkeit, aber nicht asketisch. Fußball liebte er und Radsport. In allem konnte ich nicht mithalten. Aber zur Siesta kam er in mein Zimmer und zettelte Ringkämpfe an auf meinem Bett. Nichts weiter. Vier Wochen dauerte mein erster Sommer in seiner Familie. Der Vater leitete eine ›Colonie de vacances‹, ein staatliches Ferienheim für Kinder. Wir waren umgeben von hundert Jungen, ich hatte nur Augen für diesen einen. Seinetwegen stellte ich mich beim verhaßten Fußballspiel wenigstens ins Tor, weil ich nicht rennen konnte wie die anderen. Aber auch Bälle konnte ich schlecht halten, ich machte mich zum Gespött. Für ihn.

Von Liebe nichts. Auch keine heimlichen Spiele im Wald. Er war ein elfjähriges Kind, ich schon reife fünfzehn.

Als er wegen Appetitlosigkeit und Fieber das Bett hüten mußte, saß ich den ganzen sonnigen Tag in seinem Zimmer. Er lag keine Minute still, tobte herum, hüpfte im Schlafanzug auf seiner Matratze, den Schlitz offen, deutlich für mich, aber nicht eindeutig. Wie konnte ich ihn gewinnen?

Trotz minimaler Französischkenntnisse bereitete ich einen komischen Abend für die Kinder vor, eine lose Folge von Abenteuern, deren clownesker Held ich sein wollte, ein Buster Keaton ohne viele Worte. Einem der Betreuer erklärte ich die geplanten Szenen, er spielte den Conférencier mit erklärenden Zwischentexten und erfand für meine Figur den Namen *Boîte-à-Clous*, soviel wie Rappelkopf. Es wurde ein lautstarker Erfolg, die Kinder schrien und tobten. Ich wollte es ja nur für diesen Jungen spielen, aber der lag krank im Bett. Immerhin hörte er das

Gejohle der anderen. Am nächsten Tag wurde er ins Hospital gebracht und am bereits geplatzten Blinddarm operiert.

Wir wollten zusammen nach Deutschland fahren: nur wir beide, nicht hundert Rivalen wie in Frankreich. Als mir seine Mutter sagte, er könne nicht reisen, ging ich auf mein Zimmer und weinte. Erst jetzt begriff ich, daß ich ihn liebte.

Eine idiotisch einsame Heimfahrt. Noch fremder zu Hause. Erwartungsvolles Bangen, ob er wenigstens in den kurzen Weihnachtsferien kommen durfte. Bis er tatsächlich blaß und etwas verängstigt in Fulda aus dem Zug stieg. Natürlich hatte ich durchgesetzt, daß wir in einem gemeinsamen Zimmer schliefen. Wieder spielte er mir den zufälligen Hosenschlitz vor, besonders morgens beim Aufstehen.

Silvester wurde im Ballsaal eines Hotels gefeiert. Der Junge hatte etwas Sekt getrunken, es war ratsam, ihn nach Hause zu bringen. Natürlich opferte ich mich fürs Babysitting. Wir gingen durchs Dorf, über uns frostklarer Himmel mit glitzernden Sternen, der trockene Schnee knirschte bei jedem Schritt. Im ungeheizten Zimmer suchte jeder sofort Schutz unter seiner Bettdecke, ich schaltete das Radio ein, völlige Finsternis um uns herum. Plötzlich stieg er aus seinem Bett, hob meine Decke und schlüpfte zu mir. Das Herz schlug mir bis zum Hals. Wir streichelten uns am Kopf, ich ertastete sein Gesicht, er meinen Puls am Hals. Der erste Knopf des Pyjamas, der zweite, das dauerte Ewigkeiten. Millimeter um Millimeter. Ich weiß, daß ich bis zu seinem Schwanz kam, irgendwann nach Stunden, und dort war dann alles naß.

Erst im nächsten Sommer, wieder in meinem Zimmer, traute ich mich, ihm den Schwanz zu wichsen, hielt aber doch inne und fragte: »Weißt du, was ich da mache?« Er war zwölf, ich sechzehn. »Ja, ja, ich weiß es!« Er ›machte‹ es dann auch bei mir, trotz meiner Gegenwehr. Ich will mich aufsetzen, er lacht und stemmt sich seitwärts über meinen Bauch, ich sehe nur seinen Rücken und höre sein diabolisches Kichern, weil er wüst weiterwichst, obwohl ich mich aufbäume, ihn abwehre – ihm erliege. Und dann bei ihm liege, bis er einschläft. Ich fühle keinen Hauch von Reue. Nicht eine Sekunde ernüchtert. Keine Ödnis, keine Sünde. Ein wunderbarer Rausch.

Mit ihm war alles anders. Sonst erlebte ich nach jedem Orgasmus diesen schmerzlichen Absturz, dieses fade Gefühl von Frevel und Abart, meine Lust war oft für Tage gelähmt. Und wenn sich da unten doch wieder was regte, versuchte ich alle erdenklichen Widerstände und wußte, ›es‹ würde am Ende siegen. Jeder Orgasmus war zugleich ein Versagen, Sturz ins Leere. Aber nicht mit diesem jungen Franzosen.

Eines Nachts hatte er mich wieder einmal bezwungen. Ich war schon zurück in mein Bett geschlüpft, hatte auch meinen Pyjama wieder an. Doch ich stand noch mal auf, um das Fenster zu öffnen. Vielleicht hatte er mich sogar darum gebeten. Das Fenster war am Fußende seines Bettes. Er paßte die Sekunde ab, in der ich die Hände am Fenstergriff hatte, und zog mir blitzschnell die Hose runter. Völlig absurde Attacke, nie hatte ich unmittelbar danach Lust. Ich wäre nicht mal auf die Idee gekommen, zweimal, so kurz nacheinander... Es war möglich. Ich stand am Fenster und staunte. Hörte sein teuflisches Kichern und genoß seinen Triumph über meine Ohnmacht.

Am Tag quälte er mich mit seinen Phantasien von Mädchen. Ich wünschte mir sehnlichst, für ihn vorne im Bauch ein Loch zu haben. Was sonst hatten ihm die Mädchen zu bieten als ein Loch im Bauch, dachte ich. Wenn es doch nur einen Arzt gäbe, der mir sowas reinschneiden könnte! Ich wollte nicht wahrhaben, daß ich es hatte, das Loch.

Das Zimmer lag neben dem Büro meines Vaters, der oft bis weit nach Mitternacht arbeitete. Und er hatte wohl Verdacht geschöpft. Denn so lange der junge Franzose bei uns war und in meinem Zimmer schlief, schaute mein Vater, ehe er nachts das Büro verließ zu uns herein. Jede

Nacht warteten wir das ab, stellten uns beide schlafend. Das Licht ging an, mein Vater stand an der Tür und schaute, das Licht ging aus, mein Vater ging den Korridor hinunter. Jetzt endlich konnten wir loslegen. Ich durfte nur nicht im Bett des Jungen einschlafen, morgens kam meine Mutter zum Wecken. Da hatte ich manchmal kaum zwei Stunden geschlafen. Es waren Wochen wie im Wachtraum. Meine erste Liebe.

Für ihn waren es Nachtspiele, kein taghleller Ersatz für Mädchen und ihr verflixtes Loch. Streicheln durfte ich ihn, ich habe auch seine Haut geküßt und sein Gesicht betastet. Ob ich auch seinen Mund küssen durfte, weiß ich nicht mehr.

II

Als tröstlichen Kontrast zu meinen Träumen von Armut und unterwürfigen Badezimmerdiensten spielte ich jahrelang weiter den Prinzen. Nicht mehr tagtäglich, aber in Schüben. Zuweilen bezog ich andere Kinder mit ein, als meine Höflinge, aber keinem verriet ich, daß ich wirklich ein Prinz war. Ich führte sie in einen Palast und ließ sie dort, nach einem ausgeklügelten Zeremoniell, mir dienen. Ich verbrachte viel Zeit damit, ihnen die einfachsten Regeln höfischen Benehmens beizubringen. Erstaunlicherweise fanden sie das ein schönes Spiel und blieben mit endloser Geduld dabei.

Damals wohnte bei uns im Haus für einige Zeit ein Geigenlehrer. Jahre später – ich war sechzehn und hegte nur noch zaghaft meinen verwegenen Traum, einmal Schauspieler zu werden, ein Star wie Dieter Borsche, und an meine ›königliche Herkunft‹ dachte ich schon gar nicht mehr – sprach mich dieser Geigenlehrer auf der Straße an: »Na, was Sie einmal werden, steht doch wohl außer Zweifel.« Ich war erstaunt.

»Sie können doch gar nichts anderes werden als Schauspieler!«

Er hatte mich früher, während seiner Geigenstunden, unten im Hof beobachtet, bei Hofe, genauer gesagt – und gesehen, mit welcher Ausdauer und Lust ich den Prinzen spielte und meinen Hofstaat dirigierte. Und hatte es nicht vergessen.

Tatsächlich war es diese unverhoffte Begegnung, die mich dazu brachte, meine Mutter um das Geld für eine Fahrkarte nach Frankfurt plus zehn Mark Prüfungsgebühren zu bitten. Man konnte dort nämlich vor einer gestrengen Kommission des Deutschen Bühnenvereins eine Eignungsprüfung für den Schauspielberuf ablegen. Ungewohnt mühelos wurde ich akzeptiert, aber auch ermahnt, nur ja erst mein Abitur zu machen. Einen bürgerlichen

Abschluß müsse man haben, »das ist ein riskanter Beruf, auf den Sie sich da einlassen wollen!«

Meine Mutter war entsetzt – »weil man am Theater keinen Doktor machen kann«. Mein Vater protestierte etwas subtiler: »Neulich stand da ein junger Anhalter an der Straße, ich hab ihn mitgenommen, weil er mir leid tat. Der ist Schauspieler in Marburg und hat mir erzählt, was die so verdienen – das ist doch erstaunlich wenig.« Er wußte selber, daß er mich so nicht schrecken konnte, wir waren beide lasch im Umgang mit Geld. Meine Tante urteilte ungleich rabiater: »Am Theater sind alle homosexuell und haben nichts auf dem Konto.« Na, die sollte nicht erleben, daß ich Miese bei der Bank hatte! Wenigstens mein Konto würde immer in Ordnung sein. Allerdings geriet erst einmal mein Abitur in Gefahr – mein Tor zur Freiheit, denn ohne Abitur würden mich die Eltern niemals ins Leben lassen. Hoch über den Wolken schwebte ich in meiner Liebe zu dem jungen Franzosen, unter mir im tiefsten Tal krebste die verhaßte Schule. Ich träumte fast nur zum Fenster raus oder ging gar nicht erst hin, sondern vormittags ins Kino, bevorzugt Filme mit Alain Delon. Oder »Les Amants« mit Jeanne Moreau, das betäubte mich wie eine Droge.

Mein Zwischenzeugnis war der reine Horror. Viermal eine Fünf, davon drei in Hauptfächern. Das war gar nicht zu schaffen, ich würde das Jahr wiederholen müssen. Ein zusätzliches unnützes Jahr in dieser gottverlassenen Ödnis? Ich hatte ein Sparbuch. Für den sicheren Fall, daß ich nicht versetzt wurde, wollte ich abhauen nach Paris.

Gleichzeitig schloß ich mich, gegen den heftigen Protest meiner Eltern, im Gymnasium einer Theatergruppe an. Dort spielte ich kurz nacheinander zwei Hauptrollen, zuerst den Inspektor in John Priestleys »Ein Inspektor kommt«, dann – hochdramatisch – den Montserrat in dem gleichnamigen Stück von Emmanuel Roblès. Da geht es um Folter und Geiselerschießung, und ich, nein, Montserrat leidet psychische Höllenqualen. Am Ende verliert er, bleibt aber der moralische Sieger.

In der Schule verschafften mir meine Leistungen als Schauspieler prompt den überlebensnotwendigen Respekt, plötzlich war ich nicht mehr der Versager, plötzlich erkannten die anderen, aus dem konnte noch was werden. Selbstbewußtsein.

Insbesondere mein Lateinlehrer, von ihm hing alles ab. In seinem Fach war ich rettungslos unwissend. Diese leblosen Vokabeln! Schon als Quartaner hatte ich im Lateinunterricht in einer der hinteren Reihen unter meinem Pult gehockt und Karl May gelesen. Inzwischen saß ich neben einem genialen Mitschüler – ewigen Dank, Rainer! –, aber täglich drohten meine mangelhaften Lateinkenntnisse in einer mündlichen Prüfung aufzufliegen. Dank der Schulaufführungen wußte der Lehrer nun, daß ich Schauspieler werden wollte. Zumindest ließ ich ihn in diesem Glauben, am Theater muß man ja nicht lateinisch reden.

Ausgerechnet der Lateinlehrer kam schon nach der ersten Aufführung enthusiastisch auf mich zu, um mich zu beglückwünschen. Glück? Ich in meiner grenzenlosen Verklemmtheit sagte: »Na, mit Glück allein hab ich das nicht geschafft…« Mußte ich seine Freude so bescheuert abblocken? Er zwang sich einige frustrierte Formeln der Anerkennung auch meiner Leistung ab. In Latein blieb ich ungeschoren.

Damals nahm ich mir vor: Wenn in Zukunft jemand lachend auf dich zukommt, nicht um dich niederzumachen, sondern um dich zu loben, dann antworte nichts, keine selbstkritischen Kommentare, sag einfach nur – danke!

Kein zusätzliches Schuljahr also. Und keine dramatische Flucht nach Paris. Wäre ich auch in Paris ans Theater gegangen? Hätte ich dort Alain Delon imitiert, den eiskalten Engel, das unerreichbare Idol? Wenn ich mir heute meine Fotos aus dieser Zeit anschaue… In einer gewissen Pariser Dunkelwelt hätte man mich gewiß rasch angenommen. Udo Kier ist an die Côte d'Azur gefahren und hat sich zu den Stars aufs Badetuch gesetzt, ein Schnappschuß zeigt ihn neben Jean Marais.

Meine Eltern waren sehr beunruhigt, daß ich nicht an die Universität wollte wie meine Brüder. Immerhin hatte ich mich vorsorglich in Köln immatrikuliert, am Theaterwissenschaftlichen Institut. Nicht auszudenken, was dort aus mir geworden wäre.

Meine Bewerbung für die Münchner Schauspielschule der Kammerspiele war so unfaßlich naiv wie meine verschlafenen Schülerjahre in der treudeutschen Provinz. Ich hatte Verwandte besucht, die in der bayerischen Metropole lebten, als Unterprimaner durfte ich erstmals auf eigenen Reisefüßen in die Großstadt. Am Abend ging ich bevorzugt ins Kino, wohin sonst. Ein paarmal auch ins langweiligere Theater. Originell fand ich das Plakat der Kammerspiele, ich dachte, Kammer, das bedeutet kleines Zimmer. Stellte ich mir lustig vor, so dicht dran an Schauspielern.

Ich sah auf einer großen Bühne großartiges Theater: »Die Besessenen« von Albert Camus, nach Dostojewskij. Der Regisseur des Abends war ein gewisser Hans Schweikart, im Programmheft zufällig abgebildet, weil er auch Intendant der Kammerspiele war und in dieser Funktion einem verdienten alten Mimen einen Jubiläumskorb überreichte – so was wurde damals noch gemacht!

Messerscharf kombinierte ich und schrieb einen Brief: Lieber Herr Schweikart, ich habe Ihre Aufführung gesehen und bin ein geniales Talent... Nein, so draufgängerisch war mein Brief nicht. Schweikart sollte meinen Ruf aus finsterstem Walde hören. Kommen Sie eiligst zu uns, auf Ihr Talent warten wir seit Jahren – natürlich bekam ich keine solche Antwort. Aber einen ausführlichen Brief, der mich gewissenhaft vor den geringen Chancen warnte, »nur die Besten«, klar doch, aber ich könne mich bewerben an einer Schauspielschule, beispielsweise der Falckenberg-Schule.

Schön und gut, wenn die wirklich meinen, ich müßte immer weiter zur Schule gehen, dann könnte man mir bitte sehr auch etwas präziser antworten! Wo ist diese Falckenberg-Schule? Wann wird dort gnädig aufgenommen? Termine bitte!

Ich setzte mich umgehend an meinen Primanerschreibtisch, um einen zweiten Brief an die talentblinden Kammerspiele zu verfassen. Herr Schweikart hatte mir nicht mal persönlich geantwortet, unter dem Brief stand ein fremder Name: A. Everding. Wer war das nun wieder? A Punkt! Mann oder Frau? Ich schrieb: »Leider kann ich Sie nicht anreden, da ich aus A Punkt nicht erkenne, ob Sie Mann oder Frau sind.« Und bat höflich um präzisere Angaben.

Wieder kam eine freundliche Antwort: »Lieber Herr Koch, um Sie zunächst über meine Doppelgeschlechtlichkeit aufzuklären, es handelt sich um einen Mann.« Dann die gewünschten Angaben. Der Schreiber war zu dieser Zeit schon Schauspieldirektor, wurde bald darauf Intendant der Kammerspiele und thront heute auf dem Stuhl des Generalintendanten sämtlicher Münchner Staatstheater: August Everding. Als ich anderthalb Jahre später in seinem Büro saß und mir Lob für meine erste ›Inszenierung‹ anhörte, da ritt mich der Teufel: »Wir haben schon vor der Schauspielschule korrespondiert...« – »Ja, den Brief hab ich noch.«

Seine Geduld imponierte mir damals und erstaunt mich heute noch. Einzig von Gustaf Gründgens, dem ich leider nie begegnet bin, ist mir solche Sorgfalt bekannt. Nach dessen Tod gab sein Adoptivsohn eine Sammlung von Briefen heraus, die ausgiebig belegen, mit welch rührender Fürsorge sich dieser begnadete Theaterdirektor um seine Schauspieler kümmerte, auch und gerade um die unsicher fragenden Talente. Wie damals Everding. Ein Unterprimaner aus der Rhön, aus Fulda! Alfred Dregger war dort Oberbürgermeister, und es hieß: Fulda ist so schwarz, daß die Autos auch am Tage mit aufgeblendetem Licht fahren. Ein größenwahnsinniger Knirps schreibt dem Direktor. Und erhält geduldig und humorvoll Antwort.

Die Tatsache, daß von vierhundert Bewerbern nicht

mehr als zwanzig angenommen wurden, irritierte mich kaum. Ich weiß noch, kurz vorm Abitur erwies mir einer unserer Klassenbesten die Ehre, ich durfte im Schulhof mit ihm ein paar Runden drehen, er war ein Streber und einen ganzen Kopf größer als ich. Sein Pausenbrot mampfend, fragte er mich von oben herab: »Na, was willst du denn machen, falls du das Abitur schaffst?« – »Ich hab mich an einer Schauspielschule beworben.« – »Wie sind die Chancen?« – »Von vierhundert Bewerbern werden zwanzig akzeptiert.« Ich höre noch heute sein Lachen. »Und da werden sie ausgerechnet dich nehmen!« Sie nahmen nur siebzehn und feuerten später noch mal sechs.

Wieso war ich mir meiner Sache so sicher? Für die Aufnahmeprüfung sollten zwei, drei Rollen-Ausschnitte vorbereitet werden. Ich las ein paar Theaterstücke und fand sie alle nicht passend für mein Talent. Shakespeare ließ ich gerade noch gelten und studierte eher halbherzig die Rede des Marc Anton an Caesars Leiche. Dazu mußte ich im Wald proben, der lauten, freien Rede wegen. Zu der Zeit lief ich dort noch manchmal nackt herum, allein. Warum den Marc Anton? Sein nackter Sklave, das wär mal was für diese blöde Prüfung!

Unzufrieden schrieb ich mir einen eigenen Monolog. Darin spielte ich einer »Schwester« vier Ausschnitte aus extrem unterschiedlichen Rollen vor, mal klassisch, mal modern, und am Ende stellte sich heraus, daß ich es für eine Krankenschwester spielte, wenige Minuten, bevor eine Kommission in mein Zimmer kommen und prüfen sollte, ob ich wieder raus ins Leben durfte, raus aus dem Irrenhaus, zurück ans Theater. Ich war überzeugt, daß man mich dort, am Theater, mit offenen Armen empfangen würde.

Und tatsächlich, die Kommission in München nahm mich an. Ein Lehrer erzählte mir allerdings später, nach ihren Kriterien hätte ich alles falsch gemacht, was man nur falsch machen könne; insbesondere mein gläubiges Bekenntnis zu Klaus Kinski habe sie sehr irritiert, aber sie seien sich ohne Zögern einig gewesen, so einen müsse man unbedingt aufnehmen. Wieder zwei Welten: Ich passe – und passe auch wieder nicht.

Am Tag, als ich den Brief von der Schule bekam mit der Mitteilung: »Sie sind angenommen« – an exakt diesem Tag fuhr ich zur Beerdigung meines achtzehnjährigen Cousins, der sich cool vor einen Zug gelegt hatte. In seinem Taschenkalender stand »Gestorben zwischen 19 und 21 Uhr«, in der Faust hielt er ein Foto seines Vaters, im Krieg gefallen. Am Gymnasium gescheitert. Statt nach Paris in den Tod geflüchtet.

Die Schauspielschule war eine herbe Enttäuschung. Endlich sollten das die mir vertrauten Menschen sein, endlich kein Befremden mehr. Wir würden eine gemeinsame Sprache sprechen, wir würden unseren Enthusiasmus teilen, verwandt sein. Nein. Sie haben meine Wörter geredet, aber die hatten sie in einem anderen Leben gelernt, nicht in meinem. Sie waren mir so wenig vertraut wie alle anderen sonst auch. Ein brutales Erwachen.

Zwei Lehrer retteten mich vor dem Absturz. Zunächst Käthe Nevill, eine gescheite, uralte Jüdin. Zuweilen schockierte mich ihre Bitterkeit, versöhnlich war sie einzig in ihrem unsentimentalen Humor und in unerschöpfter Liebe. Ich hatte bei ihr Einzelunterricht, wir sollten Rollen arbeiten und redeten die meiste Zeit nur miteinander. Sie war mein erster wirklicher Lehrer, sie erkannte blind meine Schwächen, aber vor allem auch meine ungeformten Fähigkeiten. Vielleicht verdanke ich es ihr, daß mir später Fritz Kortners Denken, auch sein jüdischer Witz so vertraut waren.

Eines Tages kam sie in den Unterricht, warf eine mir nur vage bekannte Zeitschrift auf den Tisch – und weinte. Die »Spiegel-Affäre«. »Geht das nun wieder los!« Seither achte ich auf die Politiker.

Der zweite Lehrer, dem ich viel verdanke, war Otto

Wernicke. Zu Jürgen Fehlings Zeiten ein Bühnenstar, ein Bulle an Kraft und Instinkt, hochsensibel, impulsiv, kein Grübler. Man hätte ihn mit dem unvergleichlichen Jean Gabin vergleichen können. Als er mich unterrichtete, hatte er seine bullige Kraft verloren, infolge eines Unfalls litt er an Lähmungserscheinungen wie nach einem Schlaganfall, ein funktionierender Geist in einem schmerzlich gebremsten Körper. Er sprach sehr leise und mit Mühe. So wurden jedes Wort, jede Geste nur noch wesentlicher.

Ich wollte mit ihm den Arnold Kramer aus Gerhart Hauptmanns »Michael Kramer« proben, ein vom Vater erdrücktes Übertalent, wankend zwischen Größenwahn und Empfindsamkeit und im Selbstmord endend. Von einer Unterrichtsstunde zur anderen versuchte ich, Otto Wernicke zu vertrösten: »Ich kann das noch nicht proben, ich bin noch nicht soweit.« Er ließ mir nur einen einzigen Aufschub durchgehen, beim nächsten Mal schüttelte er den Kopf und sagte: »Du kommst einfach rein, da steht der Tisch, du trittst ins Zimmer...« Also trat ich ins Zimmer – und war Arnold.

Manchmal spielte er etwas vor, weil das weniger beschwerlich war als zu sprechen. Im Probenraum, die Bühne ein niedriges Podest, drei, vier Schritte von seinem Stuhl aus – schon stand er auf der Szene. Und ich suchte fasziniert den Übergang von seiner privaten Person zur Rolle. Er stand und war schon die Figur. Ein Nichts an Aufwand, ein Alles an Konzentration und Identität. Keine Pose, keine Gespaltenheit.

Von Jean Gabin erzählt man, er habe in seinen späten Filmen jede Szene nur ein einziges Mal gedreht, jede Wiederholung verweigert. Als alter Herr nahm er sogar mal eine Schallplatte auf; der Produzent kam ein Viertelstündchen verspätet ins Studio, wollte den Star begrüßen und ermutigen: Gabin war schon gegangen, die Aufnahme stand. Einmal gesprochen, fertig.

Käthe Nevill hat mich mir selbst bewußt gemacht und mich zugleich gewarnt: »Versuch nicht, auf deine Persönlichkeit immer noch eine andere draufzusetzen!« Otto Wernicke hat mir die Überlegenheit des Unaufwendigen vorgeführt, das Kompliziertestе auf den einfachsten Nenner gebracht, ohne es zu verflachen. Er selbst hatte schon zu seinen kraftstrotzendsten Zeiten mit solcher Sparsamkeit gespielt, zu sehen etwa in Fritz Langs Film »M – eine Stadt sucht einen Mörder« – da ist er der Kommissar, der Peter Lorre jagt. Ich hatte diese beiden beglückend gegensätzlichen Lehrer, denen eins gemein war: Sie verachteten alle Lügner. Mit mir probten sie, wie ich auf meinem Seil die Balance halten könnte.

Ich sprach mit beiden nie über mein privates Leben, aber sie wußten ganz gewiß, daß ich homosexuell war – und in welcher Gefahr man zu der Zeit noch lebte, sieben Jahre vor der Strafrechtsreform.

Ausgerechnet gegenüber der Schule gab es diese Bar, man wurde nur auf Klingelzeichen eingelassen. Der junge Kellner, von dem mir irgendwer verraten hatte: »Der ist ein Stricher!«, wohnte in einem Pensionszimmer und ging nur in seiner Freizeit »auf den Wackel«, den Ausdruck vergesse ich nie. Ich fand diesen Jungen ungeheuer anziehend. Er war blaß, mager, keine Schönheit, aber schamlos. Unabhängig. Keine Rücksicht auf Familie oder Karriere. Kellner in einer Homo-Bar, keine zwanzig Jahre alt und Herr seiner Spiele.

Ich saß dort wie der Enkel des Professor Unrath, himmelte den lasterhaften Jüngling an und wartete engelsgeduldig, bis er nachts abgerechnet hatte und wir in seine Pension trabten. Er roch nach billigem Parfüm, auch sein Haarspray fand ich erregend ordinär, das Zimmer war kahl und kalt, ich wärmte mich nackt an ihm in seinem schmalen Bett. In einer Nacht bumste er mich dann, ein rüder Fick, der erste meines Lebens, nicht mal Nivea benutzt!

Ich lag starr vor Schreck und dachte nur: Geht gar nicht,

geht nicht, der kommt da gar nicht rein, und dieser Wahnsinnsschmerz ist sowieso nicht auszuhalten... Ein knapper Fick, ich steifes Brett spielte nicht gerade animierend mit, es sollte nur rasch ein Ende haben, und da fiel mein Strichgeliebter auch schon auf die Seite und lag bald schnarchend neben mir. Ich mußte aufs Klo, plötzlich, immer noch Schmerzen. Da saß ich nachts allein in der Pension auf seinem Klo, die Welt stand kopf, mein Arsch kotzte. Und keiner hat mir gesagt, wie gut es sein kann.

Zu mir als Callboy kamen später oft Jungs, weil sie zum ersten Mal gebumst werden wollten. Manchmal war es überhaupt der erste Sex. Was hab ich mir immer Mühe gegeben! Keinem sollte es so blöd ergehen wie damals mir.

An einen Jungen erinnere ich mich besonders, er hatte gerade Abitur gemacht und sollte am nächsten Morgen einrücken zur Bundeswehr. »Da kann ich nicht hin, wenn ich das mit dem Sex nicht weiß!« Er hatte seine eigene Vorstellung von Soldaten. Aber war noch nie im Leben nackt mit einem Menschen zusammen gewesen. Weder mit einem Mädchen noch mit einem Mann. Und morgen zur Bundeswehr.

So zog ich ihn langsam aus, streichelte und erregte ihn, bis zum Orgasmus, und streichelte ihn wieder. Und beantwortete ihm alle Fragen. Was allerdings seine Neugier schon bald neu entfachte, er wollte mehr. Also wurde auch gebumst, wieder mit behutsamstem Vorspiel und einfühlsamer Demonstration, wann welche Muskeln wie entspannt werden... Auch dieser Orgasmus trieb ihn nur noch mehr an. Wir lagen nackt beieinander, so nah, wie ihm nie zuvor ein Mensch gewesen war. Am Ende ließ er sich auch noch mein schwarzes Studio zeigen und probierte dort alles aus, was ihn geil machte und mit Wonne wieder zum Orgasmus brachte.

Er zog im Morgengrauen von dannen, vielfach gerüstet für die Bundeswehr. Seine Welt war im Lot und stand nicht kopf wie damals für mich auf dem elenden Münchner Klo.

Mein Pech, einerseits, daß ich gleich zu Beginn meines elternfreien Studentenlebens an einen solch rüden Rammler geraten mußte. Für Jahre vernagelte er mir den Arsch, ich ließ keinen mehr ran, nicht noch mal diese irren Schmerzen! Und andererseits war das auch wieder meine ›Rettung‹. Angenommen, dieser Stricher wäre ein sensibler Freund geworden und hätte mir so früh alle Register meines Krampfkörpers gelockert – wäre ich nicht schon damals mit ihm »auf den Wackel« gezogen, für rasches Geld und Freiheit und wunderbare Lust? Hätte sich die Schule mit ihren Quälereien dagegen behaupten können? Hat er mich also fürs Theater gerettet, weil das immerhin weniger schmerzte als die Fickerei?

Die Franzosen haben den Begriff ›amour fou‹ für eine bedingungslose, verrückte Liebe. Das habe ich dreimal – und knapp – überlebt. Meine erste absolute Liebe war der junge Franzose. Die zweite ein Phantom.

In meiner Klasse auf der Schauspielschule war ein einziges Mädchen, das meine – laut Everding – »maßlosen« Ansprüche erfüllte: Birgit. Sie gebrauchte frei erfundene Worte, spielte mit nie gesehenen Gesten, litt und lachte in befremdlichen Ausbrüchen. Nach und nach fanden sie alle »irritierend«, mir wurde sie immer vertrauter.

Sie war das erste Mädchen in meinem Leben, dem ich von meiner Homosexualität erzählte. Nachts auf der Maximilianbrücke, zitternd bei jedem Wort, stand ich neben ihr. Birgit erfuhr mit der Zeit alles über mich, meine geheimsten Sehnsüchte und das Bild des Menschen, auf den ich wartete. Eines Tages kam sie von einer Reise zurück und war *ihm* begegnet.

Sie hatte abends an einer Straße gestanden. Ein Jaguar fuhr vorbei, hielt an, sie schaute – und stieg ein. Die Eltern des Jungen und er selbst saßen im Wagen, fuhren mit ihr ans Meer. Glaubwürdiger konnte für mich eine solche Begegnung nicht ablaufen. Jaguar, Lebensart, ungehinderte Spontaneität. Das Haus am Meer, Liebe mit dem Vater, auch mit der Mutter, eine Nacht am Strand mit dem Sohn – in allen Details entsprach, was sie erlebt hatte, meinem Idealbild von normalem Leben. Matthias war fast in meinem Alter. Seine Eigenarten, seine Gesten, sein Aussehen, seine Sprache, seine verletzliche Ambition: Er war der Prinz meiner kühnsten Träume. Sie hatte ihm auch von mir erzählt. Er wollte mich unbedingt kennenlernen!

Was nun über Wochen folgte, ist vernünftig kaum nachzuerzählen. Alle Einzelheiten waren mir wie aus dem Bauch geschnitten. Wir waren beide vollgesogen mit Phantasie und süchtigen Wünschen. Auf deren Einlösung ich natürlich drängte. Doch immer verfehlte ich ihn um Haaresbreite. Er kam nur zwei-, dreimal nach München, hatte aber jedesmal Angst vor der Begegnung mit mir.

Immerhin schrieb er mir einen Brief. Matthias. Auf gar keinen Fall war das Birgits Handschrift, die ausgeprägt eigenwillig war; das hatte nicht sie geschrieben. Allenfalls hätte sie es einem Dritten diktieren müssen, aber einen so intimen Text? Nein, der Brief war wirklich von Matthias. Für mich.

Es entgleiste nun immer mehr in melodramatische Klischees. Der Junge war krank, er wollte mich erst nach einer lebensbedrohlichen Operation in Amerika sehen ... Alles, alles hab ich ihr geglaubt, trotz meiner Zweifel. Zu perfekt war das Bild von ihm, aus ihren Worten. Ich war bereit, Hunderte von Jahren auf ihn zu warten.

Also mußte der Junge sterben, an den Folgen der Operation. In diesen dramatischen Tagen schaffte es Birgit, mit mir zu schlafen, im Zenit meiner Verzweiflung, mich vor dem Absturz haltend. Ich hab all meine aufgestaute Leidenschaft in sie reingebumst, mehrmals in dieser Nacht.

Danach der Abstieg. Allzu durchsichtig hatte er für den Fall seines Todes verfügt, sie solle in meinem Leben seinen

Platz einnehmen. Wütend verweigerte ich mich. Aber an seinem Bild hielt ich liebend fest. Für ihn hätte ich das nächste Flugzeug nach Amerika genommen, alles aufgegeben. Für ihn, den ich nie gesehen hatte, nicht einmal ein Foto. Bis zu diesem Tag hatte ich nie ein Foto vermißt. Nun verlangte ich eines.

Er hatte ihr vor seiner Reise ein Bild gegeben, das sollte ich nur sehen, falls er die Operation überlebte... Ich stellte sie vor die Wahl: Entweder gab sie mir dieses Foto, oder ich wollte auch sie nicht mehr sehen. Da zögerte sie einen endlosen Tag lang, inszenierte mir einen Abschied wie Ophelia, Blumen lagen verstreut in ihrem Zimmer. Aber auch eine große rote Fototasche. Kein kleines Paßbild. In einer Papptasche, groß wie das Titelbild eines Journals, ein Portraitfoto.

Aparter als Alain Delon, asketisch, sinnlich, eisschöne Augen, wartend, der Mund unnahbar geschlossen – noch. Am Hals zu erkennen ein grobgestrickter Rollkragen, erregender Kontrast zu einem feingliedrigen Körper... Matthias. Das Foto war mit *ihm* absolut identisch.

Seltsamerweise fragte ich nun nicht: Wer ist das wirklich? Mir mußte doch klar sein, Matthias hatte es nie gegeben, aber den auf dem Foto, den gab es. Wo lebt er? Wie heißt er? Wann kann ich ihn sehen? Nichts davon. Für uns endete hier die Geschichte – meine zweite ›amour fou‹.

Es gab ein Nachspiel. Ich bewahrte das Foto auf, in der roten Papptasche. Es lag Jahre später noch in meinem Wäscheschrank, als ich mit Dirk zusammen war, einem eifersüchtigen Fünfzehnjährigen. Manchmal, in Momenten heftiger Einsamkeit, schaute ich dieses Foto an. Nichts weiter.

Eines Tages fand ich die rote Fototasche... leer. Ich fragte Dirk: »Wo ist das Foto?« – »Wer ist das?« – »Ich hab ihn nie gesehen. Aber sehr geliebt.« Und ich erzählte ihm von dieser ganz und gar verrückten Liebe. Vom Prinzen im fernen Amerika, verblutet in Träumen. Dirk hörte sich aufmerksam die märchenschöne Story an und gab mir gnädig mein Bild zurück. Wochen später war die Papptasche wieder leer. »Wo ist das Foto?« – »Ach, das hab ich zerrissen.«

Noch einmal, zwanzig Jahre später, bin ich Birgit begegnet und habe sie endlich gefragt: Wer war dieser Junge?

Er lebte irgendwo bei Düsseldorf, sie hatte ihn damals um ein Foto von sich gebeten. Und wieder fragte ich nicht weiter, wo lebt er heute, wie heißt er, kann ich ihn nun endlich doch noch sehen…

Zu viele Jahre waren vergangen. Birgit war nicht Schauspielerin geworden. Sie lebt in Italien und schreibt Romane. Auch sie hat auf Wirklichkeit verzichtet. Ein Schriftsteller ist ebenso der junge Franzose geworden, meine erste ›amour fou‹. Er ist sehr erfolgreich und lebt in Paris. Vor kurzem habe ich sein Foto in einer Zeitung gesehen und hätte ihn nicht erkannt, wenn ich nicht seinen Namen wüßte.

Woran war meine erste Liebe gescheitert?

Diese geheimen Ferienlüste, immerhin drei Jahre lang von uns beiden heftig genutzt – bis zu dem Tag, als er sich brüsk verweigerte. Ich hatte gewagt, ihm zu schreiben: Es ist nicht nur Sex, ich liebe dich. Nachts schob ich ihm Botschaften durch den Türschlitz, ich fand sie morgens zerschnipselt schwimmend im Klo!

Da half ich mir bei einem nächtlichen Spaziergang wieder mit einer Not-Phantasie: Mein Lieben ist abgewiesen, also werde ich ab heute, von dieser denkwürdigen Nacht an, nur noch für eine einsame Karriere leben, in der bewahrten Erinnerung an meine Liebe zu ihm, der mich nicht wiederliebt. Ich werde ein berühmter Mann sein, ein reicher Mann, aber alle werden rätseln: Wieso ist er so einsam – wieso lächelt er nicht bös? Das Geheimnis wollte ich mir mein Leben lang bewahren: Dieser einsame Mann hatte geliebt… Immerhin befreite mich diese Phantasie damals von meinem pathetischen Schmerz. Der ist mit achtzehn Jahren zuweilen lebensgefährlich.

Als idealer Ersatz, dennoch zu lieben, ohne auf den Tod verletzt zu werden, bot sich mir später die Prostitution. Sie ist Lieben ohne Absturz. Abgesichert durch limitierte Zeit. Spielerisch, exzessiv, reich an Varianten; schwindelerregend hoch gespanntes Seil, als wär's der Tanz aus Liebe, über Abgründen von Sumpf und Isolation. Ich ein Gigolo, schön und weltfern? Warum nicht doch lieber das Theater? Wenn schon Tanz, wenn schon ersetztes Leben!

Auch am Theater kannst du spielen, was dir in deiner Wirklichkeit mißlingt. Schauspiel ist stilvolle Prostitution, hochgeehrt und gutbezahlt, pünktliche Überweisungen aufs Gehaltskonto.

Einmal hat mir ein Mann nach dem Sex das Geld zwischen die Arschbacken geklemmt und draufgeklatscht. Im Theater der andere Applaus. Ich habe auf beiden Seilen getanzt, in großen Häusern und in geheimen Kabinetten. Wie sollte ich wissen, daß Rollenspiele das Leben nicht ersetzen?

»**Werden Sie nicht** Schauspieler, sondern Regisseur.« Ich bin rechtzeitig gewarnt worden, noch auf der Schauspielschule.

Hans Schweikart ließ mich in sein Büro kommen, nachdem er mich in der Schule als Woyzeck gesehen hatte. Es war eine besondere Geste, wenn der Intendant Schweikart einen Schüler zu sich bat; vielleicht steckte aber auch Käthe Nevill dahinter: Sie war bis zu ihrer erzwungenen Emigration mit ihm verheiratet gewesen.

Er unterhielt sich ungemein freundlich mit mir, über mein Regie-Konzept für den Woyzeck. Ich hatte nur seine letzte Szene gespielt, wenn er ins Wasser geht, und dabei zeigen wollen, daß der Woyzeck gar nichts davon merkt, er wäscht das Blut von seinem Messer und denkt nur an

Marie dabei. Schweikart gefiel das. Er bot mir einen Johannisbeersaft an. Das beeindruckte mich ebenso wie sein unverhofftes Lob.

Deutlicher wurde August Everding. Mit meinen Mitschülern hatte ich einen turbulenten Abend inszeniert, teils eine absurde Collage aus den Stücken, die auf dem aktuellen Spielplan der Kammerspiele standen, teils meine Kommentare zu den Fragwürdigkeiten der Schauspielprofession. Offenbar so frech wie überzeugend, denn Everding sagte am selben Abend zu mir, das hätte man unbedingt filmen müssen.

Auch er ließ mich in sein Büro kommen und riet mir eindringlich: »Sie werden die Schauspielerei eines Tages zu doof finden, glauben Sie mir!«

Und wieder ein Jahr später, als ich die Schule gerade beendet und nicht, wie andere, schon ein Engagement als Schauspieler in der Tasche hatte, rief mich Everding ein zweites Mal zu sich: Er biete mir eine riesige Chance, eine Regieassistenz bei Fritz Kortner.

Zu dieser Zeit war Kortner einer der prominentesten Regisseure, immer umstritten, bejubelt, angefeindet und abgöttisch verehrt. Als einer der ersten war er nach dem Krieg aus dem erzwungenen amerikanischen Exil zurückgekehrt, streitbar bis zum Haß und niemals ohne Respekt vor dem aufrecht Strauchelnden. Kein mitleidloser Egomane (wie so manche seiner Epigonen), dem Theater verfallen – auch er hatte nirgends sonst ein Zuhause und war deshalb dort niemals zufrieden.

Einmal saßen wir nach monatelangen Proben am Premierenabend im Auto, nur er und seine Frau, die wunderbare Johanna Hofer, er konnte also etwas wirklich Intimes sagen. »Das Schlimmste an einer Premiere ist«, klagte er, »es gibt am nächsten Tag keine Probe.«

Johanna Hofer hat ihre eigene Karriere für ihn immer vernachlässigt und ist nach seinem Tod reich dafür entschädigt worden, mit grandiosen Altersrollen, skurril, feenspinnert gescheit, ohne einen einzigen falschen Ton. Ich liebe sie für ihre unerschrockene Alte in dem 70er-Jahre-Film »Im Reservat«, dort verbrüdert sie sich gegen ihre Familie mit ihrem Untermieter: Wolfgang Kieling als hinreißende Fummelschlampe.

Everding wählte mich aus, Assistent dieses Regie-Giganten zu werden, nicht erster, nur zweiter Assistent, der ihm den Kaffee holte und das Salzhörnchen mit nicht zu dick Butter, der vor allem nicht stören durfte, immer wachsam auf dem Sitz gleich hinter ihm. Gewöhnlich ein Schleudersitz, die zweiten Assistenten nervten den furiosen Kortner, er feuerte sie alle paar Wochen. Ich blieb zwei Jahre.

Und verfaßte nach einigen Wochen einen Bericht der Proben zu Shakespeares »Richard III.«, weil Everding sich das erbeten hatte: »Schreiben Sie mal, was Ihnen bei dieser Arbeit auffällt.« Heute amüsiert und bewegt mich die furchtlose Anmaßung des damals Zweiundzwanzigjährigen:

Er sitzt also und gibt ein Arrangement. Der aufmerksame Schauspieler erkennt aus den ersten szenischen Entwürfen seine Rolle. Alles hat einen tiefen Sinn, weil aus der überlegten Betrachtung der Charaktere erwachsend. Im Regiebuch sind am Rand die ersten Gänge, Auftritte, Ausdrucksziele vermerkt; meist liest er sie vor, sagt: »Ja!«, legt das Buch beiseite und schaut sich die Bühne an. Immer wieder ermahnt er sich: »Ich will versuchen, mich zunächst ans Buch zu halten.« Das heißt: an die eigenen Randbemerkungen.

Immer wieder sind es äußere Dinge, die den Charakter offenbaren, von vornherein. Kortner schwärmt von Albert Bassermann, der vier Leute zu begrüßen hatte, »und man wußte alles, zu wem er wie stand.«

Er gibt also die Gänge. Die Schauspieler ›gehen‹. Sie sind doppelt Neuem ausgesetzt: einer Bewegungsart und der sich daraus ergebenden Sprache. Alles ist genau überlegt alles hat seinen Sinn. Vor allem der Text des Dichters. Kortner kennt den Text, daraus die Figur daraus das Arrangement. Der Schauspieler kennt die Rolle. Beides bewegt sich aufeinander zu. Gänge, die fremd sind, Bewegungen, die man nicht hat. Dazu der Text.

Und schon funktioniert Kortner dazwischen. Er sitzt, den Kopf etwas vorgebeugt, große Augen, er hört. Er kennt sich aus, ein phantastisches Gehirn, das alles kontrolliert. Ein Ton stimmt nicht, und er funktioniert. Mit der unverwechselbar eindringlichen Stimme kommen die Korrekturen.

Der Schauspieler versteht, versucht zu verstehen, äfft nach oder ist irritiert. Versteht er, so findet er rasch den Ton. Versucht er zu verstehen, so hämmert immer neue Korrektur auf ihn ein, zerhämmert meist geistige Distanz und läßt für den Augenblick keinen anderen Ausweg als nachzusprechen, Zäsuren, Töne.

Viele tun es von vornherein. Die können sich auch zu Hause in Ruhe keinen Reim darauf machen; die können es gar nicht. Empfindliche Schauspieler sind irritiert. Haben sie gute Nerven, dann lassen sie sich Zeit; andernfalls fühlen sie sich gezwungen. In jedem Fall prasselt eine Fülle von Argumenten los: »Der Sinn ergibt den Ton.« – »Was wir auch für Faxen machen, nichts ist besser, als dem Satz zum Sinn zu verhelfen.«

Kortner kennt jede Figur also muß der Schauspieler stimmen. Wohl dem, der ist, was er sein soll; wohl dem, der wenigstens kann, was er nicht ist; wehe dem, der sich unterscheidet vom Entwurf. Kritik! Ein irritierter Blick des Schauspielers. Aufgekommenes Gefühl von Selbständigkeit zerschlagen. Persönliches getadelt. Es gibt einen Weg: »Glauben Sie's mir doch! Sie reden mit einem Vollidioten!« Abweichungen sind unmöglich.

Eine Probe wird abgebrochen, weil ein Schauspieler sich rebellisch zeigt. Kortner: »Ich kann so nicht arbeiten. Ich zwinge ja nicht, aber man darf mich nicht hindern.«

Ein hochempfindliches Gehirn, fähig, alles zu empfin-

den, zu erfinden, Zentrum – nicht Pol. Impulse steuern die Umgebung. Die Umgebung, soweit sie paßt (empfängt), reflektiert Impulse; das Gehirn funktioniert bis an den Rand der eigenen Kraft oder der des Schauspielers. Wo Natur nicht mehr ausreicht, entsteht Drill. Das Gefüge, der Fluß hat eine Richtung, die der Kortnerschen Empfindsamkeit. Ausschließlich.

Es klingt wie Kritik. Viele mißbrauchen es dazu. Kritik ist sinnlos, denn der Weg der Funktion ist nicht zu ändern. Kritisieren heißt stören, heißt heftige Wehr erwecken; die Alternative heißt: sich einfügen oder den Genius lähmen. Bislang war Kortner immer der Stärkere.

Es mag wohl sein, daß man so lange stören kann (Probenkrach), bis das ›Gehirn‹ nachgibt, Spielraum läßt, aber das ist ein großer Kraftverbrauch. Beiderseits. Der altgewordene Kortner hat noch immer gigantische Kräfte; aber dem Giganten Gehirn bleibt der Körper häufiger als früher Unterstützung schuldig. Kortner sitzt unten, die Bühne vor Augen, den Kopf voller Bilder, und die Schauspieler fügen sich zäh, es geht nicht voran, und er schüttelt plötzlich den Kopf, preßt die Augen zu und sagt leise: »Ich kann nicht!«

Man spürt, wie sehr er sich selbst ausgesetzt ist, man erkennt den Menschen Kortner und kann mit ihm fühlen. Man möchte helfen. Und er öffnet die Augen, schaut groß, es ist, als ob er alle Wirklichkeit einsaugte mit diesen Augen, als ob er sich ihr aussetzte. Dann nickt er und dient. Er dient der Wirklichkeit. Er ist, was er sein muß, in dieser Theaterwelt, er fügt sich und zwingt alle dort hinein.

Ich verdanke es seinem Alter, daß ich ihn so kenne. Diese Sekunden der Schwäche, die seinen menschlichen Kern enthüllen. Dem Menschen ist alle Freiheit gegeben, sich zu mühen, nach seiner Art, oder sich zu zerstören.

Der Mensch Kortner lebt sich selbst, stellt sich seiner Vernunft, bis an das Ende seiner Kraft. Man muß mit ihm tragen, wenn man mit ihm arbeiten will. Wo man es nicht kann, muß man es sagen und gehen, denn man kann ihn nur stören und – sollte sich seine Kraft erschöpfen – schließlich lähmen.

Ich erlebe diesen Mann, ich erlebe sein Können, das, womit er die Wirklichkeit zu offenbaren weiß. Er korrigiert: »Innerlich ist nicht, was außen gezeigt wird, was innen ist; sondern daß außen sichtbar wird, was innen vorgeht.« Er wütet gegen Bühnenton und -geste, er wütet für die Wahrheit. (»Gefühl schaut ja ganz anders aus!« – »Ein wahrer menschlicher Ausdruck – das kostet Mühe!«)

Aber ich sage, er wütet. Ich beschreibe ihn als einen hochsensiblen Mechanismus und sage damit, daß er sich ausgesetzt ist, ein Mensch, der um zu leben, die Welt trägt, seinen Teil, bis an die Grenze seiner Kraft. Aber weil ich jung bin und weil ich schon heute weiß, daß auch ich das – auf meine Weise – tun muß, deshalb spreche ich aus, was ich als Fehl erkenne.

Er der so sehr Mensch ist, so sehr im Willen nach Wahrheit, er hat sich von den Menschen entfernt. Das Vollkommene ist unerreichbar. Gerade deshalb aber ist es die größte Versuchung. Immer wieder sagt er, daß das Arrangement sich dem Ausdruck zu fügen habe, immer wieder gibt er der Wahrheit den Vorzug vor dem kurzlebigen Effekt einer ›Bühnenmache‹, aber alle Wahrheit ist inszeniert von ihm.

Wenn man nicht Wahrheitserkenntnis vermitteln kann, wenn man Schauspieler nicht zur Aufrichtigkeit, ihrer eigenen Aufrichtigkeit verleiten kann, wenn man ihre Empfindsamkeit nicht bis zur Grenze bewegen kann, durch welche handwerklichen Kunstgriffe auch immer, dann will ich nichts vom Theater wissen.

Ich will auf den Zwang verzichten können. Zu vieles zwingt uns, zu vieles um uns ist Mechanismus. Ich suche ein ebenso gutes Theater, wie ich es bei ihm erlebe, von Schauspielern aber, die im höchsten Maße sie selbst sind – und sei es um den Preis weniger perfekter Interpretation. Ich will nicht, daß die Leute bewundern, ich will sie erschüttern; ich will, daß die Ehrlichkeit des einen die Ehr-

lichkeit des anderen auslöst; ich will, daß die Menschen leben und nicht nur sehen. Ich lerne das Handwerk.

Als Assistent an den Münchner Kammerspielen mietete ich mir eine große Wohnung, möbliert. Meine Gage betrug vierhundert Mark, die Wohnung kostete vierhundertfünfzig. Vier Zimmer in einer herrlichen Altbauwohnung, das schönste nahm ich für mich, die drei anderen wurden untervermietet. Zum ersten Mal frei in meinen eigenen vier Wänden! Keine Eltern, nicht zur Untermiete wie während der Schauspielschule, endlich leben nach meiner Façon. Die ich nur leider noch nicht kannte. Sex mit anderen Jungs hatte ich schon seit über zehn Jahren, aber so unbedarft, so ahnungslos!

Einer meiner Mitbewohner, ein Medizinstudent, unentschlossen zwischen Mädchen und Jungs pendelnd, weinte sich eines Morgens bei mir aus. Am Abend zuvor war er mit einem jungen Amerikaner in dessen Wohnung gegangen, und dort war etwas Schreckliches passiert. Unter immer neuen Tränen gestand er endlich die Details: Mitten im zärtlichsten Sex hatte ihn der Ami gebeten, ihm in den Mund zu pissen!

Na so was. Für mich war es total neu, daß man einen Schwanz in den Mund nehmen konnte. Und dann noch, wie bitte? »Hast du das gemacht?« Er hatte. Und der Amerikaner? »Der hat es getrunken…« Shocking.

Und auch wieder nicht. Ich saß dem weinenden Medizinstudenten gegenüber und fand in Wahrheit alles aufregend. Völlig neue Perspektiven taten sich auf. Ein paar Tage später schleppte ich mir auch einen jungen Amerikaner nach Hause. Einen, der wabbelig pervers aussah!

Und ich steckte ihm baldmöglichst meinen Schwanz in den Mund. Ich weiß nicht warum, aber die Amerikaner blasen herrlich hemmungslos und flutschig, sie nennen es auch nicht wie wir mit christlichem Vorbehalt »blasen«, sondern »saugen«. Und das können sie wie die jungen Kälber, da war ich natürlich sofort auf hundert. Kurz vorm Orgasmus aber rausgezogen, das gehört sich ja wohl! Da flüsterte der Boy: »Why didn't you give it to me?« Was? Das auch noch?!

Leider kam es mit ihm nicht zu einer Piss-›Perverserei‹, aber wonach er gefragt hatte, das gab ich ihm aus Neugier noch, behielt ihn extra über Nacht da. Und als er ›es‹ dann hatte, rannte er nicht zum Ausspucken ins Bad, er blieb einfach so im Bett liegen, mit vollem Mund... Es schockte mich nicht, ich war nur schlicht fassungslos: Der hat tatsächlich das Zeug runtergeschluckt, einfach so! Also das, nein, das könnte ich nie!

Über solches Nie habe ich mich noch oft amüsiert. Auch im Sex soll man nie nie sagen. Was hätte ich alles früher erleben können, so viel verlorene Zeit! Die deutschen Fünfziger und Sechziger waren ein Erwachen in unendlich langsamen Etappen. Für mich besonders zäh, mangels klemmfreier Ratgeber. Vom kundigen Stricher entjungfert ohne Nivea!

Jahre *vor* Oswalt Kolle. Das versteht heute kein Mensch mehr, wie wir den gebraucht haben. Damals las ich in der ›frechen‹ Teenie-Zeitschrift BRAVO einen Artikel, rein zufällig, versteht sich, war ja schon viel zu alt für dieses Kinderblatt. Auf die Frage, wie Eltern sich verhalten sollen, wenn sie bemerken, daß ihr Sohn onaniert, wurde lapidar geantwortet: »Legen Sie ihm jeden Abend ein frisches Taschentuch aufs Kopfkissen.«

Wunderbar! Zumindest so lange, bis der eingesamte Sohn mal einen Partner findet, der ›es‹ schluckt. Das spart Taschentücher.

In den fünfziger Jahren waren aber nicht alle Menschen so unsäglich verklemmt und unwissend. Einer meiner Freunde, Schüler eines Elite-Internats, wurde dort beim Onanieren mit einem anderen Jungen erwischt. Beide flogen sofort von der Schule. Kurz vor den Osterferien und kurz vor seinem fünfzehnten Geburtstag – beides war ihm verdorben. Die Ferien, weil ihm womöglich nach solcher

Schande alle vergleichbaren Internate verschlossen bleiben würden, und der Geburtstag, weil es nun auch keine Party geben konnte – für so einen! So jung und schon draußen. Seine Eltern überraschten ihn: »Dein Geburtstagsgeschenk ist im Wohnzimmer.« Sie hatten für die Dauer der Osterferien den Jungen eingeladen, mit dem er erwischt worden war.

III

Für meine erste größere Rolle engagierte mich 1964 Fritz Kortner unerschrocken nach Wien. Plötzlich war ich am Burgtheater und probte mit den Großen: Paula Wessely, Alma Seidler, Ewald Balser. Meine Geliebte sollte Susi Nicoletti sein, aber sie empfand ihre Besetzung als skandalös. Ich war damals dreiundzwanzig, und sie weigerte sich, eine »Kinderverzahrerin« zu spielen. Der alte Kortner hat mich jedoch nicht umbesetzt, Frau Nicoletti gab die Rolle zurück, was mir Feinde schaffte, von denen ich zum Glück nichts ahnte.

Die Proben waren ungewohnt hart. Zwar schützte mich eine gewisse Naivität in dieser Schlangengrube Theater, aber meinen eigenen Selbstzweifeln blieb ich ausgesetzt. Hatte ich denn genug Talent, um Kortner gerecht zu werden? Fast zwei Jahre hatte er mich als Regieassistent gekannt, ehe ich es wagte, ihm vorzusprechen, worauf er mir diese Rolle gab, den Sohn Erhard in Ibsens »John Gabriel Borkman«. Als Anfänger – und am Burgtheater!

Ich kam erschöpft von der Probe nach Hause, saß am Tisch, schaute aus dem Fenster und weinte. Wir hatten eine Szene geprobt, in der sich meine Mutter (Alma Seidler) und meine Tante (Paula Wessely) um mich streiten, beim Nachmittagstee, während ich über meine Tasse hinweg zur Tür schiele und weg will, nur endlich weg und in die Arme meiner Geliebten. Stundenlang diese Tasse in der Hand, Stunden zermürbender Proben. Kortner quälte mich nicht, brüllte mich nie an, er ging wundersam rücksichtsvoll mit mir um; hätte ich nicht permanent an mir gezweifelt, wären diese Proben ein guter Start geworden. Aber an diesem Tag schien mir endgültig klar, daß ich einen derart mörderschweren Beruf nicht durchstehen würde, nicht mein Leben lang.

Mit Engelszungen hatte ich geredet, um meinen besorgten Eltern die Erlaubnis fürs Theater abzuringen. Und wie dankbar war ich Kortner, daß er ausgerechnet mir eine solche Chance gegeben hatte. Aber auf dieser Probe hatte ich erkannt, daß mir eines fehlte: die notwendige Kaltblütigkeit. Die Nerven, auch unter extremem Druck noch klar zu denken *und* zu fühlen, nach der hundertsten Wiederholung immer noch so, als wär's das erste, reinste, ungewußte Mal. Ich saß am Tisch, schaute aus dem Fenster in eine nun geklärte Zukunft: Den Eltern würde ich geduldig erklären, daß ich es doch nicht schaffte, ich formulierte bereits die plausibelsten Sätze, um ihnen mein Scheitern begreiflich zu machen.

Und während ich so dasitze und mit meinen Eltern rede, stutze ich plötzlich und bemerke, daß ich nebenbei eine Tasse vom Tisch genommen und die Probe für mich fortgesetzt habe. Seither weigere ich mich, über mein Talent fürs Theater nachzudenken. Der Kopf entscheidet da gar nichts.

Kortner konnte maßlos beleidigend sein. Wenn ihm die Wut davongaloppierte, dann wollte er kein Halten mehr. Meist tobte er stimmgewaltig gegen Darsteller, deren bloße Existenz am Theater ihn schon provozierte. »Sie schwänzen einen anderen Beruf!« Das war noch der harmloseste Aufschrei. Gemein wurde es, wenn er zum Beispiel einer Schauspielerin raufsagte: »Wohin laufen Sie mit Ihren dramatischen Waden?« Das war eine Frau, die lange Röcke trug, um ihre häßlichen Beine zu verbergen. Wer ihn störte, den kläffte er gnadenlos an.

Manchmal auch mit verzweifeltem Humor. Wenn ein Schauspieler ein, zwei nicht inszenierte Schritte ging, wandte sich Kortner zu uns: »Fangt ihn ein.«

Und er mochte die Schwulen nicht. Nur einige hatten als Komiker bei ihm Narrenfreiheit, aber ein richtiger Kerl und schwul, das war ihm widerlich, obgleich er sich bemühte, tolerant zu sein. Und ich? Wann würde er mir draufkommen?

Auf einer der letzten Proben steht der alte Mann plötzlich auf der Bühne, nimmt mich am Arm und führt mich hinter eine Kulisse. Absolut ungewöhnlich. Statt loszubrüllen, sagt er leise zu mir: »Sie schieben die Hüfte so vor – das wirkt schwul.« Und geht zurück zu seinem Regiesessel.

Ich kontrollierte meine Hüfte, von ihm nie wieder ein Wort zu diesem Thema. Sein Sohn Peter Kortner veröffentlichte einige Jahre später in London ein Buch mit dem Titel »Callboy Jim«.

Mein Wiener Debüt im »John Gabriel Borkman« wurde fast zum Debakel.

Kortner wollte ein versenkbares Zimmer, dazu mußten aber alle Möbel hinter der rampenfernen Versenkungsgrenze stehen, was er nicht akzeptieren mochte. Er hörte etwas schwer, deshalb hatte er die Schauspieler gerne vorn. Und die Möbel? »Na, wenigstens einen Hocker werden Sie mir doch genehmigen.« Am Ende standen alle Möbel an der Rampe, und die Techniker konnten sehen, wie sie das Problem lösten.

Das Mobiliar wurde einfach an Seile gebunden und im entscheidenden Moment, vor dem Versenken des Zimmers, nach hinten weggezogen. In der Premiere hatte sich eines dieser Seile von einem Hockerbein aus gespannt, einige Zentimeter über dem Boden. Ich trat auf, kam mit Verve ins Zimmer, ein flotter Gang quer über die Bühne, knapp am Hocker vorbei. Schon bei meinem ersten Auftritt hätte ich der Länge nach hinsegeln können, ein grandioser Absturz auf die Bretter, die nun meine Welt bedeuten sollten. Ein schützender Engel half mir übers Seil, aber eine zweite Chance gab er mir nicht. Kurz darauf blieb ich in einer Drehung doch dran hängen, hinter meinem Rükken ruckte der Hocker, auf dem teuflischerweise ein Tablett mit Gläsern und einer Karaffe Wasser abgestellt waren. Ich hörte es poltern, sah beim Zurückwenden, daß eines der Gläser weit durch den Salon gerollt war, der Wessely vor die Füße. Sie bückte sich und hob souverän das Glaserl des tölpelhaften Debütanten auf und brachte es improvisierend zum Tablett. Dort war infam die Karaffe zur Seite gekippt und platsch, platsch, platsch gluckerte das Wasser raus, endlos. Paula Wessely sagte hinterher herzig: »Wie großartig Sie die Nerven behalten haben…« Also hatte ich sie doch.

In Wien verfolgte mich ein unbedeutender Modeschöpfer, ein Hochstapler, der mich zu einer Party in sein Atelier einlud – er erwarte auch Juliette Gréco und Françoise Sagan. Die Gréco gab gerade einige Konzerte in Wien, die Sagan war zu Studien dort. Beide waren damals Superstars.

Ich hänge frustriert herum, natürlich erscheinen sie nicht auf so einer peinlichen Mode-Party. Da geht plötzlich die Türe auf, sie sind es! Wirklich und wahrhaftig. Auf einem Sofa mir gegenüber sitzen sie, begleitet von ihrem Freund Jacques Chazot, einem Kulturredakteur des französischen Fernsehens. Wir flirten. Ich weiß nicht, ob wir ein einziges Wort gewechselt haben, nach zehn Minuten stehen wir vier zugleich auf und gehen. Die nächsten vierzehn Tage erfinden wir uns ein eigenes, geheim-vergnügtes Wien.

Es machte ihnen Spaß, in meiner »vieille machine« – so nannten sie meinen klapprigen Ford – inkognito durch Wien zu fahren. Wenn die beiden Damen im Fond eine deutsche Konversation führten, mit einem Wortschatz aus vier, fünf Vokabeln, wirkte das unvergeßlich komisch. Juliette Gréco war, trotz ihrer leidvollen Erfahrungen mit den Deutschen, begeistert von unserer Sprache. Wie sie »Das Meeer rauuuscht« sagte, klang das spröde Deutsch auch wirklich schön. Sobald sie das Auto verließen, scharte sich eine Traube von Menschen um die beiden. Ich erinnere mich an keine Sekunde leisester Verlegenheit zwischen ihnen und mir. Zwei Wochen von nie erlebter Leichtigkeit und Vertrautheit. Allzuoft war ich in Gesellschaft anderer Menschen verkrampft, fast immer fremdelnd. Hier nicht. Sie wollten, daß ich mit ihnen nach Paris ging. Da war es plötzlich wieder: Paris!

Daß ich am Burgtheater spielte, beeindruckte sie wenig. Daß ich nicht ohne weiteres dort aus dem Vertrag konnte, war ihnen klar. Aber in ein paar Wochen konnte ich doch einfach nachkommen! »Ich muß mich erst allein durchsetzen am Theater, dann vielleicht.« Wie dumm und ängstlich.

Diese Tage mit ihnen sollten nicht zur Schimäre werden, also kaufte ich mir am allerletzten Tag symbolisch »Bonjour Tristesse« und bat Françoise Sagan, es mir zu signieren – »damit ich mir unsere zwei Wochen noch glaube, wenn ihr weg seid…« Sie zögerte kurz, verstand aber dann. Ich war sehr beunruhigt über die Worte, die sie mir ins Buch schrieb: »Pour Knut, charmant compagnon de Vienne et bientôt, j'espère, de Paris.«

Heute, nach bald dreißig Jahren, kann ich diesen Satz immer noch auswendig zitieren. Nie vergessen. Und nie befolgt.

Erst einmal holte mich Everding nach meinem Wiener Debüt an die Münchner Kammerspiele zurück, zunächst wieder als Assistent bei Kortner, »Kabale und Liebe«. Ich sollte jetzt auch kleinere Rollen spielen, vor allem aber in weiteren Assistenzen bei unterschiedlichsten Regisseuren das Handwerk lernen. Noch immer glaubte Everding an mein Regietalent und wollte mich systematisch aufbauen. Mir machte das angst.

Seit der Schauspielschule war ich von großen Namen umgeben und abhängig von ihrer Gunst. Mußte ich mich nicht erst einmal selbst ausprobieren, wie es gute Tradition ist am Theater? Wir nennen es »sich freispielen«.

Ich bewarb mich in der Freien und Hansestadt Bremen. Es gab dort ein sehr junges, fast anarchistisches Theater, frech, provokant, furchtlos. Noch trennten uns drei Jahre von den berüchtigten 68ern, noch war Bremens Universität, später glühend rot, gar nicht gegründet – aber im Theater dieser Stadt tobten schon die neuen Zeiten. Da arbeiteten ein skandalsuchender Regisseur und sein feinnasiger Intendant Kurt Hübner. Der hatte ein unfaßliches Gespür für trendsettende Talente. Und sein Regisseur war Peter Zadek.

Einen krasseren Wechsel hätte ich mir nicht wählen können. Meine konservative Schauspielschule, die stockseriösen Münchner Kammerspiele, dort galt Arbeit fürs Fernsehen noch als Abstieg in die Gosse, und sowas wie Bremen war – wie es Jahre später Peter Stein definiert haben soll – »Shakespeare in Unterhosen«. Obgleich Stein, auch zuerst Assistent an den Kammerspielen, gerade bei Hübner die Schauspieler fand, mit denen er später sein eigenes, legendäres Ensemble gründete, in der Schaubühne am Halleschen Ufer in Berlin: Jutta Lampe, Edith Clever, Bruno Ganz. Und seinen Star-Bühnenbildner Karl-Ernst Herrmann. Auch den jungen Rainer Werner Fassbinder holte sich Hübner.

Ich war aus eigenem Entschluß sehr früh nach Bremen gegangen. Wie so oft in meinem Leben, viel zu früh auf und davon; Paris hätte es gar nicht sein müssen, aber München hatte ich ohne Not verlassen. Everding wollte mich fördern, Kortner inszenierte noch etliche Jahre, ich hatte außerdem ein Angebot zu einer soliden Ausbildung als Fernsehregisseur... Aber ich traute den Vätern nicht. Und suchte doch immer diejenigen, die mich schützten, wie meine beiden Lehrmeister, die kluge Käthe Nevill, der weise Otto Wernicke. Großeltern.

Gegen den Muff der Väter lief bald eine ganze Generation fröhlich Amok. Farbbeutelfrische Revolten als Aufschrei gegen Verlogenheit und Anpassung. Alles wurde in Frage gestellt, je respektloser, desto umjubelter. Peter Zadek, dem selbstbewußten Emigrantensohn aus London, war sowieso nichts heilig. Kortners rebellischer Erbe? Zadek war Anarchist, ehe daraus eine Fraktion entstand, er war niemals rot, und gegen die Armee war er sowieso. Er war der Spieler, nie der real gewaltbereite Agitator. Und doch hat sein Theater einer Generation furchtloser Revoluzzer den Weg mit bereitet. Rigoros wurde zertrümmert, was Geschichte hatte. Die alten Mimen verjagt, die ehrwürdigen Gewohnheiten ad absurdum geführt. Eine klassische Kultur-Revolte.

Fragwürdig wie alle Gewalt. Sicher, verkarsteten Krampf wollten sie wegsprengen, aber auch erfahrene Meisterschaft, wertvolle alte Bäume wurden weggeholzt. Nachlesbar am Kahlschlag großer Namen, plötzlich waren die alten Clowns nur lächerlich, verjagte Schrottverwalter. Einige Wagenburgen wie Boleslaw Barlogs Schiller-Theater in Berlin boten den verstörten Mimen noch Schutz. Bis auch dort, erheblich zeitversetzt, die jungen Besen kehrten. Als Peter Zadek und Peter Stein längst schon wieder die Alten ehrten (Zadek auch da extrem, er hat sogar Willy Millowitsch engagiert), brachen die Kohorten erst ins Schiller-Theater ein. Weshalb es heute, so verspätet, noch immer kahl geschlagen steht.

Die Revolte der Studenten, vor den Richtertisch geschissen, Strip und Eiertanz im Hörsaal – am Bremer Theater war man all diesen Frechheiten weit voraus. Als die Studenten »Ästhetik« erst mal demolierten, suchten die Bremer Regisseure schon eine neue. Je fragwürdiger die thematische (geschweige die gewalttätige) Auseinandersetzung zwischen den sturen Alten und den stieren Jungen wurde, desto stilverliebter zogen sich die Bremer Künstler aus der Affäre. Fassbinder stellte sich der Revolution noch am längsten. Stein verbarrikadierte sich hinter gigantischem Dekor. Zadek vertändelte sich in anarchischem Kunterbunt. Alles großgewordene Kinder ohne respektierte Väter.

Ich Zwerg kam nach Bremen und wollte die Revolte – nur nicht gegen die Väter. Also blieb ich bürgerlicher Exot unter feixenden Räubern. Ich war durchaus reif für allerlei Frivolität, für Auflehnung und Abweichen von Norm und

Born, aber zugleich klammerte ich mich störrisch an mein erlerntes Werten.

Das geht nicht zusammen. Aber es war niemand da, der mir's erklärte. Hatte ich einfach warten sollen? Auf den großartigen Klärer, der ein Jahr später kam, Peter Stein? Oder mir von Fassbinder meinen Masochismus frühgebären lassen? Als die mit der großen Zukunft kamen, war ich schon mit Paukenschlag geflohen. Wieder mal zu früh.

Dieser Widerspruch, daß ich Schutz suche, aber mich nicht schützen lasse, mich von Kind an fortträume, aber den König nicht erwarte, der mich rettet! Wollte ich auch das Theater nur als ersetztes Leben?

In Bremen noch nicht, da wollte ich Schauspielen identisch mit Realität und nahm meine Rollen blutig ernst. Wo sonst hätte ich frei leben können, nur am Theater war einer wie ich anerkannt, seit dem Gymnasium wußte ich das. Mein privates Leben war nicht vorzeigbar, war nur Angst und sündgeheimer Untergrund. Licht und Schatten. Nie hätte ich gewagt, beide Welten offen ineinanderzuspielen. Als »ehrbare Dirne« etwa. Schauspieler waren für mich unberührbare Lichtgestalten.

Aber am Theater kommt das Licht nur von Schein-Werfern. Und plötzlich bin ich unter die »Räuber« geraten, in Zadeks radikale Schiller-Demontage. Ich soll bei sowas mitspielen, von Probentag zu Probentag bin ich entrüsteter. Was verlangt dieser Regisseur von uns! Nicht Menschen stellen wir dar, wahllose Blödeleien. Bruno Ganz, mit angeklebten Riesenohren, rast humpelnd als Franz Moor vorm popbemalten Horizont umher. Ich habe ein anderes Regiekonzept, da sind Franz und sein Bruder Karl ein und derselbe Darsteller, um zu zeigen, wie ähnlich sich die kriminelle Kanaille und der idealistische Revolutionär sein können. Aber mit angeklebten Ohren ist das ernsthaft nicht zu schaffen!

Oder die seit Schauspieler-Generationen berühmt begehrte Szene des Roller, der, eben vom Galgen gerettet, noch nach Luft japsend, einen brillant schillernden Monolog halten darf. Hier, bei Zadek, schleppt sich ein blessierter Räuberhaufe müde über die Bremer Bühnenbretter, der Roller rollt von geschulterter Bahre, liegt und brabbelt unverständlichen Text, derweil wird ihm eine Kugel aus dem Schenkel operiert. Natürlich fließt reichlich Theaterblut, die Wunde muß mit Theaterbranntwein schmerzhaft desinfiziert werden, und Höhepunkt des großartigen Monologs ist nicht das Schiller-Wort, nein, die blutverschmierte Patrone aus Rollers Schenkel krönt den Abschluß der Szene, die hoch erhoben vorgezeigte Blödelblutpatrone! Roller ist nichts, wir sind nichts, wir machen, und möglichst kaputt.

So erlebte ich damals, aus meiner hin- und hergerissenen Sicht, diese später auch noch gerühmte Arbeit. Ich protestierte schon bei den ersten Proben. Zadek hörte sich das interessiert an – und machte mich zum Regieassistenten. Zugleich bestand er darauf, auch Räuber müsse ich bleiben.

Bei einer Besprechung über die Figur des Franz Moor widersprach ich Zadek, der behauptete: »Es gibt keine freie Entfaltung. Jeder Mensch ist unveränderlich entworfen. Der einzelne interessiert, sobald ich ihn überschaue und verfolgen kann, ob er sich genauso verhält, wie ich vermute.«

Hielte ich mich für unveränderlich, ich würde mich töten! Ich hielt dagegen: »Der überschaubare einzelne langweilt mich.« Dieses Theater des betrachtenden Kalküls zu verkörpern, in meiner Haut auf diesem Markt – das bereitete mir physisch Schmerzen. Ich protestierte heftiger. Ich wußte, ich durfte mich keinesfalls für »überschaubare« Rollen und Handlungen verkaufen, sonst wurde ich selbst langweilig.

Schließlich schrieb ich Hübner einen Brief, er möge mich bitte entlassen, mich zumindest vor diesen »Räubern« erretten: »Zadek zwingt die Schauspieler, sich zu prostituieren – dafür bin ich nicht zum Theater gegangen!«

Woher kam mir dieses Wort? Warum war das der Gipfel aller Unerträglichkeit: Prostitution?! Ausgerechnet ich wählte dieses Wort.

Am nächsten Morgen fing die Probe nicht an, keiner wußte, was los war. Wir wurden auf die Bühne gerufen, Hübner hielt eine aufgeregte Rede. Jemand habe einen Brief geschrieben, und man müsse eine Arbeit doch erst einmal wachsen lassen, und überhaupt, Prostitution, Prostitution! Es war *das* Reizwort. Hübner protestierte gegen den Protest – und die Proben gingen weiter.

Ein paar Tage später bat ich Zadek, mich aus der Produktion rauszulassen. »Warum willst du?« – »Weil ich das nicht kann.« – »Das find ich keinen Grund.«

Am Wochenende lag ich mit hohem Fieber im Bett, ich rief eine mir unbekannte Notärztin, die mir attestierte: »Mit diesem Infekt können Sie auf der Probe tot umfallen!« Das war endlich ein Grund. Ich war die Räuber los. In den sechsundzwanzig Berufsjahren danach habe ich nur zweimal wegen Erkrankung abgesagt.

Entkommen war ich damit noch nicht der ›Prostitution‹ am aufregenden Bremer Theater. Ein paar Monate lang strafte man mich mit Nichtbeachtung. Ich nutzte die Zeit und schrieb ein Drama, das ich keinem zeigte. Es hieß »Marguérite«, war »F.« gewidmet (das bedeutete Flickenschildt) und handelte von einem jungen Mann, der in Paris seine ihm vom Vater verschwiegene Mutter suchte und fand – als altehrwürdige Prostituierte...

Eines Tages hing ein neuer Besetzungszettel im Theater, am Abend vor der ersten Probe. Mein Name stand drauf, die Textbücher gab es nicht: »Erst morgen auf der Probe!« Zadek war der Regisseur. Für mich hatte er eine Rolle?

Das Stück war von John Osborne und hieß »Ein Patriot für mich«, die Geschichte des österreichischen Spions und Homosexuellen Oberst Redl, eines k. u. k. Offiziers. Und das drei Jahre vor der Strafrechtsreform! Mutig zeigte der Zadek ›so einen‹. Das hätte ich wunderbar gefunden, wäre ich nicht für die eine Szene besetzt worden, in der ich als

Stricher mit dem Oberst im Bett liegen mußte, ihm plötzlich so zuwider, daß er mir auf den nackten Arsch schlagen, mich aus dem Bett werfen und »Hure! Verdammte Hure!« schimpfen sollte.

Und um diese Rolle habe ich mich nicht gerissen? Nicht gejubelt und begeistert gebettelt: Splitternackt im Bett, bitte!?

Ich fand, es war der pure Hohn. So antwortete dieser Zadek also auf meinen Brief, nicht mich als Schauspieler meinte er, privat machte er mich nieder. Ich war außer mir. Keiner beriet mich, daß Zadek vielleicht spielerisch aus mir etwas zentral Blockiertes befreien wollte, weil er frappierend zielgenau bei Schauspielern erkennen konnte, wo sie ihre intimste Angst versteckten – und wird sie befreit, setzt das ungeahnte Leistung frei. Nein, das riet mir keiner, und ich selbst war zu dumm, es zu begreifen. Nur blinde Wut packte mich.

Minuten vor der Leseprobe. Zadek gab sich gut gelaunt: »Also los, dann lest doch mal vor, macht mal!« Bleich saß ich da und wartete meine kleine Szene ab. Ich las die paar Sätze eisig, selbst die abgebrühtesten Kollegen merkten, hier litt eine junge Künstlerseele sich an den ersehnten Rand des Wahnsinns. Nach der Probe stürzte ich in die nächste Telefonzelle, wir probten weit außerhalb am Stadtrand, den Weg ins Theater konnte ich nicht mehr abwarten, ich rief Hübner an: »Das ist ja wohl krank! Wenn ich nicht sofort umbesetzt werde, verklage ich das Theater!«

So jung stand ich dort in meiner Zelle, idealer Stricher, heißblütig und so verrannt. Erschrocken ließen sie mich raus. Hübner schrieb einen vorsichtigen Brief – vorsichtig wegen des juristisch heiklen Homo-Themas? Das kam mir damals gar nicht in den Sinn –, es gebe für sie nur seriöse Gründe für diese Besetzung, eine Klage bei Gericht solle ich mir nicht so einfach vorstellen, aber wenn es mir denn so ganz und gar zuwider sei, würden sie mich nicht zwingen. Welch ein Pyrrhus-Sieg! Den

Stricher spielte ein anderer. Ich verpaßte mein rechtzeitiges Coming-out.

Zadek hätte mir meine Temperamente entwirren können. Für die lustvolle Schamlosigkeit, die mich später am Strich so faszinieren sollte. Dann wäre es der öffentlich respektierte Skandal geworden statt meiner heimlichen Privatspiele.

Zadek war nicht der kerlige Sado. Seine nölige Sprache, der scheue Körper, ein weiches Gesicht, immer kurz geschorene Haare, vage Hände – das hatte keine zwingende Kraft, zumal er wohl niemals homosexuell zu sein wünschte. Aber seine erotische Ausstrahlung irritierte Männer wie Frauen, von ihm gingen Energien aus, die jeden kopflos machten, voll in den ungeschützten Bauch trafen. Und doch waren es nur Worte, Anspielungen, ein gemein alleswissendes Lächeln, ein Zwischenton. Viele waren ihm verfallen, viele mit großem persönlichen Gewinn. Ich stand einmal eine halbe Nacht unter seinem erleuchteten Fenster und stellte mir vor, wie er dort oben wirklich war, der nackte Zadek. Aber gezeigt habe ich ihm nichts von meinen Phantasien.

Es ging ein Sog von ihm aus, immer mußte ich mich irgendwo festklammern, ich bin nicht schwindelfrei. Er hatte Augen, die dich auszogen bis unter deine gepanzerte Haut. Wohl aus Mitleid trug er oft eine Sonnenbrille...

Noch immer ließen sie mir in Bremen meine Chance. Ließen mich nicht aus dem Vertrag, obgleich ich es ihnen in meinem Stolz anbot. Und um mir den zu bewahren, bewarb ich mich in Heidelberg. Bloß weg von hier. Anderthalb Jahre im voraus schloß ich einen neuen Vertrag. War kaum in Bremen und plante schon im geheimen meine Flucht. Ich schwor mir: Der Tag wird kommen, an dem sie mich in Bremen fragen, ob ich bleiben will. Und dann werden sie mich sagen hören: Nein.

Der Tag kam. Kurz zuvor hatte ich unverhofft Erfolg in

einer großen komischen Rolle. Hübner bat mich ins Intendanzbüro, man überlege, ob man nicht verlängern wolle.

»Ich habe schon einen Vertrag. Mit Heidelberg.« Hübner faßte es nicht, daß einer so blöd sein konnte: »Das kannst du absagen. Denk drüber nach.« Fürs coole Karriere-Denken war ich zu hitzig. Keiner hat mich beraten, auch Hübner nicht. So wichtig war ich ihnen nun auch wieder nicht. Außerdem: Reisende soll man nicht aufhalten.

Dennoch schickte er mir zur letzten Frist ein Telegramm, bestellte mich ins Büro. Als ich eintrat, sagte er: »Da steht das Telefon, ruf an – in Heidelberg.« Ich lehnte ab.

Zehn Jahre später, 1976, schrieb mir Zadek überraschend einen Brief ans Thalia Theater, wo ich neben Heinz Rühmann und Paul Verhoeven in Neil Simons Komödie »Sonny-Boys« spielte. Er sei am Tag zuvor in unserer Vorstellung von »Sonny-Boys« gewesen, um die alten Komiker zu bewundern... Und dann beschrieb er eine halbe Seite lang mein komisches Talent, es gebe nur wenige deutsche Schauspieler, die diese spezielle Art von Komik hätten.

Schon kurz darauf begegneten wir uns zufällig im Foyer des Hamburger Schauspielhauses, als Zuschauer. Er kam aus Bochum, wo er Intendant war, ich von drüben, vom Thalia. »Hast du meinen Brief bekommen?« fragte er so locker, als hätte es die zehn Jahre seit Bremen nicht gegeben. Auch diesen lockeren Ton hatte ich inzwischen gelernt: »Wenn der Brief keine Verarsche ist, können wir gerne reden.« – »Wo werd ich dich verarschen!«

Folgte ein Engagement nach Bochum. Werner Schroeter wollte dort »Wie es euch gefällt« inszenieren, mit mir als Rosalinde.

Werner kannte ich aus Heidelberg, da hatte ich ihn abends mal als Anhalter aufgegriffen, kurz nach seinem

Abitur. Er hatte mit einer mickrigen Superacht-Kamera schon einige frivole Filme mit Rosa von Praunheim gedreht. Und in Bochum sagte nun Schroeter zu Zadek: »Für die Rosalinde möchte ich gern einen Schauspieler, den du nicht kennen wirst.« Und nannte meinen Namen. »Klar kenn ich den, hab ich grad in Hamburg getroffen.«

Werner Schroeter sagte dann kurzfristig die Inszenierung ab, weil seine Mama gestorben war. Eine wunderbare Frau, immer lachend bemüht, mit ihrem exzentrischen Sohn Schritt zu halten. »Du, Werner, die Rosa, äh, der Rosa hat angerufen...« Einmal lag ich mit dem frisch geschlüpften Abiturienten im Jugendbett, er meinen Schwanz im Mund, da machte »Frau Muttern«, wie er sie nannte, unangeklopft die Tür auf und fragte ungerührt: »Willst du den Salat mit oder ohne Sahne?« Er nahm nicht mal den Schwanz aus dem Mund: »Mit Sahne!«

Rosalinde von Shakespeare mit Werner für Zadek – da hätte ich nichts mehr verbergen können. Vor zwei Jahren hatte ich begonnen, in meinem zweiten Leben als Callboy zu lustwandeln. Diesen Knut hätte Werner vielleicht fürs Theater genutzt. Und vielleicht wäre daraus ein Comingout geworden, das kein ersetztes Leben mehr zugelassen hätte. Einmal sichtbar, wäre ich dem Theater nicht mehr entkommen in geheime Gegenspiele.

Statt Schroeter kam ein etwas konfuser rumänischer Regisseur, eiligst in Paris aufgetrieben. Jürgen Prochnow, mein geliebter Orlando, den ich dank Shakespeare heiraten durfte, bekam nach dieser homophilen Bühnenleistung ein Fernsehangebot von Wolfgang Petersen, spielte den homosexuellen Häftling in Alexander Zieglers »Die Konsequenz«: eine schöne Liebesgeschichte, die im Knast beginnt. Für diesen Häftling hatte Jürgen die ideale Visage, ich nur mein Milchgesicht, trotz Strich. Der blieb noch so geheim wie spurenlos. Später besetzte Petersen mit Jürgen Prochnow den Kapitän in »Das Boot« – und ab ging's nach Hollywood. Im »Boot« hätte ich gut und gern den Dichter spielen können, aber da hatte mich der Petersen wohl immer noch als Rosalinde im Kopf. Und Herbert Grönemeyer stand in den Startlöchern, er sang uns allen im Bochumer Theater schon die Ohren voll mit seiner viel zu hohen, aber grundehrlichen Stimme. Er hat dann den Dichter gespielt. Und sich raufgesungen, der Bengel, alle Wetter!

1977 spielte ich derweil, dank Zadek, in Bochum den Horatio. Ulrich Wildgruber war sein Hamlet, Eva Mattes die Königin, Hermann Lause der König. Auch Werner Schroeter ›geisterte‹ durch die alte Halle, in der wir probten und später sogar auftraten – den Geist spielte nämlich seine Muse Magdalena Montezuma, ich kannte sie seit Werners Anfängen. Nun saß sie in Zadeks Fabrikhalle, meist in einem güldenen Bilderrahmen, und schaute geistleicht herab auf unsere Künsteleien.

Monatelange Proben von morgens zehn bis fünf Uhr, durchgehend. Mein Stricherleben, kaum begonnen, stand fast still, aus purem Zeitmangel. Aber meine heimlichen Freunde blieben mir erstaunlich treu, kamen teils sogar angereist.

Auch die neuen Zadek-Kollegen waren freundlich zu mir. Es hätten sich durchaus vertrauensvolle Freundschaften ergeben können. Ich erinnere mich unter anderem an ein Gespräch mit Rosel Zech – sie spielte den Polonius als skurrilen, grauhaarigen Sheriff –, die mir von ihrem Elternhaus erzählte, ihrem Großvater, den sie verehrte und der sie für diese Rolle inspirierte. Auch von sehr privaten Ängsten sprach sie. Ich gab nichts preis aus meinem zweiten Leben.

Für die anderen war ich identisch mit Horatio: der besonnene Bürgersohn, frei denkend und nie mit ihnen im Getümmel, ein platonischer Freund, nett und vermutlich impotent. Säuft nicht, raucht nicht, nicht mal Hasch, Drogen sowieso nie. Sogar die morgendliche Gymnastik verweigerte ich. Zadek hatte gefragt: »Wer will das machen, morgens vor der Probe?« Alle wollten, nur ich nicht. Seither saß ich frühmorgens in der Halle in einem Sessel, versteckte mich hinter einer Zeitung und sah verstohlen zu, wie sie auf den Matten miteinander purzelten. Halb zog mich das, halb fand ich's unappetitlich. Sogar die dürre Montezuma turnte mit, als Geist hätte sie nicht müssen. Von Horatio erwartete es eh keiner.

Der stillte seinen Appetit auf anderen Matten, spät nachts in düsteren Kölner Saunakellern oder in knapper freier Zeit unter zahlenden, keuchenden Schwabbelvätern. Nicht im verschwitzten Trainingsdress oder sonstwie kunstgekleidet. Nackt und vernunftlos geil. Und wenn Hamlet seinen Freund Horatio ermahnte: »Es gibt mehr Dinge zwischen Himmel und Erde, als unsere Schulweisheit sich träumen läßt!« – dann hörte ich ihm hintersinnlich zu.

Zehn Jahre nach Bremen war das. Und fast zwanzig Jahre brauchte ich, bis endlich ich Zadek einen Brief schrieb, 1985. Da war er mittlerweile Intendant in Hamburg und ich Profi in meiner Wohnung an der Reeperbahn. Ich klärte meine alte Geschichte, die verpatzte Chance als Bühnen-Stricher des Spions, im Bett mit dem feschen Oberst Redl. Meine verblüffende Entwicklung vom Anti-Revoluzzer, der protestierte gegen prostituierte Schauspieler – und sich später selbst spielleicht prostituierte, wenn auch niemals fürs Theater.

Ich schickte diesen Brief an Zadek mit dem Vermerk: »Keine Bewerbung!« Ein ganzes Jahr lang hatte ich mich schon zurückgezogen. Vom Theater, nein, von jeder offiziellen Außenwelt verabschiedet. Es war für mich ohne Bedeutung, wie Zadek auf diese Offenbarung reagieren würde. Er antwortete auch nicht.

Ein Jahr später bekam ich einen Tip, ich solle doch Zadek mal schreiben, Postkarte genügt, er sei an mir als Schauspieler interessiert. Der Reiz der freien Reeperbahn war inzwischen angekränkelt von der Angst vorm endgültigen sozialen Abstieg.

Ich traf Zadek nach einer Probe, er ging mit seinem Team zum Essen, ich durfte ihn und seinen Hofstaat begleiten. Er freue sich, wenn ich in sein Ensemble wolle.

Mich reitet der Teufel, und ich spreche ihn auf meinen letzten Brief an, auf mein Doppelleben – just in dem Moment, als von einem gut bezahlten, mehrjährigen Engagement ans Hamburger Schauspielhaus die Rede ist. »Ach ja«, lacht er, »dein Brief voriges Jahr, den hab ich gelesen. Fand ich 'ne lustige Art von Bewältigung.«

Ich blieb drei Jahre am Schauspielhaus, bis Zadek dort aufgab.

Während meiner Bremer Zeit hatte ich mich dem Theater widersetzt in verquerem Narzißmus. Mein privates Leben war damals aber nicht weniger blockiert: Lust an nackter Haut, zugleich aber Angst vor Berührungen. Immer Kontakt gesucht zu ›Gleichgesinnten‹ – und mich ihnen doch verweigert.

Ich saß in einer illegalen Bremer Bar und ließ dort meinen Mut und sowieso mich selbst bewundern. Besonders an den Wochenenden gut besucht, bot diese Bar eine erstaunlich selbstbewußte Atmosphäre, eindeutig, aber nichts von schummriger Halbwelt. Hohe, helle Räume im Erdgeschoß einer Villa, außen keine Leuchtschrift, nicht mal eine Klingel an der Tür. Ich wußte vom Hörensagen: »Dort treffen sie sich.« Mußte den Heterokollegen in der Theatergarderobe nur genau zuhören beim Lästern.

Man betrat diese Villa durch einen Korridor, im ersten Raum eine Theke als großes Karree an der Wand entlang, von hier ein offener Durchgang zum leeren Tanzzimmer, fast private Stimmung, kein buntes Flimmerlicht wie in einer Disco; die gab es in Bremen auch, enger, dunkler, verruchter... Ich fühlte mich in dieser hellen Villa wohler.

Weit von mir entfernt saß ein weißhaariger Mann und trank. Und starrte mich an. Und kam den langen Weg die

Theke entlang zu mir, legte seinen Arm um mich. Einfach so, vor aller Augen! Ich fetzte seinen Arm weg. Er stand neben mir und sah mich traurig an. Stand nur mit diesem Blick. Und ging. Kein Wort. Bis heute vergesse ich seine Augen nicht. Für Sekunden war da mein Spiegelbild, Jahre voraus.

Von diesem Platz aus, an der Theke in Bremen, beobachtete ich Dirk, der knappe fünfzehn war, blond und frühreif unabhängig. Er betrat die Bar, zog sofort seine Schuhe aus, kickte sie in eine Ecke, ging auf Socken zur Tanzfläche und fegte los. Bis alle im Kreis um ihn herum standen und ihn sein wildes Solo tanzen ließen. Ich dachte: Wie kann ein junges Kerlchen einen ganzen Laden derart magnetisieren!

Mir als Schauspieler imponierte das. Und eifersüchtig widersetzte ich mich diesem kleinen Star. Sollten die ihn doch alle begaffen, ich nicht.

Plötzlich stand er neben mir und fragte: »Wollen wir tanzen?« Es ärgerte ihn, daß ich der einzige war, der sich nicht für ihn interessierte. Die Gesetze der Jagd. Es ging um Beute, ums Begehrtsein. Ich war an diesem Abend seine Beute.

Gefährlich war das. Homosex und mit einem Minderjährigen. Das gab mindestens dreieinhalb Jahre. Zuchthaus! Ich versuchte, ihm zu widerstehen. Aus einem ganz anderen Grund: Ich hatte Angst vorm Versagen beim Sex. Diesem verdammt selbstbewußten Knaben fühlte ich mich unterlegen. Damals wußte ich noch nicht, daß Unwertgefühl mich geil macht...

Dirk mußte auch nachts nicht nach Hause, er konnte so jung schon eigene Wege gehen, das hatte er durchgesetzt. Tagsüber besuchte er die Handelsschule, nachts schlief er bei mir. An diesem ersten Abend und dann fast jede Nacht. Ich hatte nur ein Bett. Er wollte vor allem gestreichelt werden und verschleuderte mühelos seine Orgasmen; an mich ließ ich ihn nicht ran. Ich blieb im Schlafanzug, er schlief nackt. Bis er mich nach Wochen, ich lag mal wieder schamhaft auf dem Bauch, auf den Rücken zwang und sich meinen Schwanz mit Gewalt nahm. Keine Spur von Impotenz! Er packte sich meinen Schwanz, und schon stand der. Wäre die Initiative von mir ausgegangen, hätten tausend Bedenklichkeiten mir meinen Ständer vermasselt. Er griff zu. Er durfte mich später sogar bumsen, auch das war mit ihm mühelos.

Dirk war gespalten. Einerseits rasend eifersüchtig, andererseits ein manischer Lügner. Er hatte immer neue Geschichten parat, über sich, für andere. Tausend Identitäten. Pures Spiel, skrupellos. Einmal verbrachte er die Ferien auf einer Nordsee-Insel, »im Haus von Lale Andersen«, wie er beiläufig erwähnte. Ich hatte die Schnapsidee, ihn überraschend für ein Wochenende zu besuchen. Nicht in einer Prominentenvilla fand ich ihn dort, sondern in einer Jugendherberge – und er rannte in Panik weg, weil ich plötzlich auf der Straße stand und ihm zuwinkte. Es war ein Schock für uns beide.

Mit Lüge kann ich bis heute nicht umgehen, das verletzt mich tief. Vermutlich weil ich schon früh gezwungen war, defensiv gegen aggressive Moral anzulügen. Von einem, dem ich mich offenbart hatte, wollte ich nicht belogen sein.

Als ich in den Niederungen der verlogenen fünfziger Jahre begriffen hatte, daß ich ein Homo war, reagierte ich stolz darauf, einer bedrohten Minderheit anzugehören.

Obwohl ich einige Exemplare dieser Spezies nicht sehr sympathisch fand! Sogar fies konnten die sein, wie etwa dieser glatzköpfige Fellwanst in unserem kleinen Städtchen, vor dem mich meine Mutter früh gewarnt hatte. Den sah ich mir mit Schaudern aus sicherer Distanz an.

Aber da gab es auch diesen hochangesehenen Bürger, Jurist, verheiratet und Vater von zwei Kindern. Er wurde plötzlich ins Zuchthaus gesteckt. Seine Tochter war etwa in meinem Alter, ich hatte sie bis dahin nicht beachtet, aber nun suchte ich, erregend öffentlich, ihre Freundschaft.

Wahrscheinlich habe ich ihr nur noch mehr weh getan mit meiner Solidarität, aus der nichts weiter werden konnte. Ich hatte ja meine nackten Spiele mit Jungs im Wald. Das hätte ich ihr beichten müssen. Ich war zu feige. Und wollte doch vor aller Welt nur mutig demonstrieren: Seht her, ich bin ein Christ, aufrecht gehe ich an ihrer Seite, ihr Vater im Gefängnis irritiert mich nicht.

Zu der Zeit schrieb ich Kurzgeschichten für die Schülerzeitung, Sympathie-Texte für gescheiterte Existenzen. Und gegen den inhumanen Strafvollzug. Auch für Prostituierte. Ich erinnere mich an eine Geschichte über eine Nutte, alt und bemitleidenswert – aber stolz! Ich war etwa zwölf Jahre alt. Später fragte ich mich oft: Woher wußte ich so früh von alten, verarmten Huren? Bei uns im Städtchen gab es nicht mal eine junge.

Aber ich erkannte auch für mich die Gefahr, eines Tages als Familienvater im Zuchthaus zu landen. Nicht bloß im Gefängnis, im Zuchthaus: Das war verschärfter Kerker, für Schwerstkriminelle und für Homosexuelle. Ich malte mir aus, wie mich meine Mutter dort besuchen käme und ich mich weigerte, sie zu sehen…

An einem Sonntagmorgen kommt tatsächlich die Polizei. Ich stehe mit Dirk in meiner Bremer Wohnung unter der Dusche, als es unten an der Haustür klingelt, hartnäckig. »Dusch du alleine weiter, ich schau mal nach«, sage ich, »es könnte ja was Wichtiges sein!« Per Sprechanlage frage ich: »Wer ist da?« – »Hier ist die Polizei, könnten Sie bitte mal öffnen?«

Im Reflex renne ich zu Dirk: »Die Polizei! Bleib in der Dusche und rühr dich nicht!« Ich raus, nur ein Handtuch um die Hüften, die Treppe runter ihnen entgegen, ein Minderjähriger nackt unter meiner Dusche, seine Eltern haben mir die Polizei auf den Hals gehetzt, die dürfen gar nicht erst in meine Wohnung kommen!

Auf halber Treppe treffe ich den Polizisten, er sieht

mich im Handtuch, bleibt stehen und sagt: »Wir haben einen Anruf erhalten, daß Ihr Vater gestorben ist.«

Ich hatte noch kein eigenes Telefon. Für unsere Familie war der Infarkttod meines 55jährigen Vaters ein Schock. Im Laufe der Zeit begriff ich, daß mit ihm Wurzeln abgestorben waren, die mich gehalten hatten.

Verunsichert vom unerwarteten Tod meines Vaters, suchte ich Schutz bei Theatermächtigen – die mich respektierten, statt mich auf den ›Strich‹ zu zwingen wie Zadek. Ich wandte mich reumütig an August Everding. »Sprechen Sie mir mal den Oswald vor!« Der im Wahnsinn endende Syphiliskranke Oswald in Ibsens »Gespenstern«, die Everding als Gastregisseur am Hamburger Thalia Theater inszenieren sollte, ist eine Traumrolle. Ich sprach sie ihm vor, und er schickte mich nach Wien zu Boy Gobert. Der war im Begriff, das altehrwürdige Burgtheater-Ensemble zu verlassen, um Intendant des Thalia Theaters zu werden.

Gobert lud mich in sein Wiener Privathaus ein. Er wohnte etwas außerhalb, ich erinnere mich an eine endlose Straßenbahnfahrt in erregter Neugier. Bei dem Vorgespräch zeigte sich Gobert freundlich und zunehmend aufgekratzt. Wir plauderten den ganzen Nachmittag, überraschend unverstellt, witzig, flüchtig frivol, immer sittsam. Ein Vorsprechtermin auf der Probebühne des Burgtheaters wurde für den nächsten Tag vereinbart. Doch da war ich leider unerklärlich verkrampft, und Gobert meinte am Ende, die Rolle habe er ohnehin einem Schauspieler vom Thalia schon vertraglich zugesichert. Warum hatte er mich dann angehört? Ich wehrte den Gedanken an etwas anderes als ein freundlich künstlerisches Interesse einfach ab. Bis dahin hatte sich mir nicht ein einziger homosexueller Kollege anvertraut, ich hatte bei einigen keine Ahnung, daß sie ›so‹ waren. Von Gobert wußte ich es, jeder wußte es von ihm, diesem aristokratisch-melancholischen Clown, dekadent, versnobt und zu mir unverändert herzlich. Aber ein Intendant! Mit Noblesse respektierte er meine Scheu.

Zwei Jahre hat er gewartet. Wir blieben in Kontakt. Briefe hin und her. Mittlerweile war ich in Münster. Dort erhielt ich von Gobert überraschend die Einladung, ihn in einer Harold Pinter-Aufführung im Thalia anzusehen und anschließend mit ihm essen zu gehen. Das empfand ich als große Ehre, ich hatte einen reservierten Platz Erste Reihe Mitte und stieg vertrauensvoll zu ihm ins Auto. Wir fuhren nicht in ein Restaurant, sondern in seine Wohnung.

Ein Essen für zwei war vorbereitet, wieder wurde ausschweifend geplaudert, ausweichend. Gegen ein Uhr, am Ende seines arbeitsreichen, erfolgsgewohnten Tages, bot er mir an, falls ich zu müde sei, müsse ich den weiten Weg nach Münster nicht fahren, ich könne über Nacht bleiben. Natürlich war mir klar, was er erwarten durfte, wenn ich blieb.

Solange ich mich ihm nicht als Schauspieler wert gemacht hatte, war das für mich ganz und gar undenkbar. Für ein Engagement mit dem Intendanten zu schlafen, das hätte ich nie gekonnt. (Jahre später, als ich mich längst schon privat verkaufte, traf ich mich mal bewußt mit einem Intendanten, den ich noch dazu attraktiv fand, zum Sex – es war eine Katastrophe, ich lag fast im Starrkrampf, wie ein schockierter Gymnasiast.) Ich sagte also, ebenso freundlich: »Nein, nein, ich schaff die Fahrt bis Münster schon.«

Auf dem Heimweg wäre ich zweimal fast eingeschlafen am Steuer, das hätte Gobert als gerechte Strafe Gottes nehmen können. Tröstend schrieb ich ihm einen Brief, der mir seine Freundschaft erhalten sollte, trotz meiner Verweigerung. Ich schrieb ihm das denkbar Dümmste: »Ich verstehe Sie sehr gut, denn auch ich habe eine Neigung zu sehr viel jüngeren Knaben …«

Folgte sein langer Abschiedsbrief, wie immer handgeschrieben, allerdings auch nicht viel cleverer als meiner: »Sicher ließe sich immer wieder etwas hinzufügen. Aber obgleich mich ungefähr so viele Jahre von Ihnen trennen, wie Sie wiederum von Ihrem Freund getrennt sind (trennen?!?), kann ich mich einfach noch nicht alt und bereit genug empfinden für meinen Tod in Venedig. Und auch ganz bestimmt nicht dafür, mich nur in meiner Aufgabe auszuleben, zu befriedigen. Gründgens hin, Briefe her. Aber das hat auch den Vorteil für Sie, daß Sie ganz unbelastet von mir sind – solange wir uns auf den angesetzten waiting-terms bewegen. Fahren Sie in wunderschöne, glückhafte Ferien. Schlafen Sie sich aus, genießen Sie alles. Ich freue mich, wieder von Ihnen zu hören, denn, trotz aller Verhütungsmaßnahmen, bin ich Ihnen nahe – und, da dürfen Sie sicher und beruhigt sein, immerhin schon so alt, daß ich mit einigem fertig zu werden weiß. Ihr Boy G.«

Wieder vier Jahre später, 1974, bekam ich eine Ahnung davon, in welcher Einsamkeit dieser Mann lebte. Ich spielte an den Münchner Kammerspielen »Sonny-Boys«. Boy Gobert hatte diese Aufführung, die dort bereits fünfzigmal vor vollem Haus gelaufen war, für das Thalia Theater eingekauft – Inszenierung, Bühnenbild sowie die drei Hauptdarsteller Heinz Rühmann und Paul Verhoeven – als das zänkische alte Komikerpaar, das ein Comeback plant – und mich, als Rühmanns Nette und Agent. So mußte in Hamburg nur zwei Wochen geprobt werden, und schon hatte Gobert eine Aufführung, die auch dort fünfzigmal ausverkauft gespielt wurde.

Für die letzten Tage der Hamburger Proben übernahm Gobert selbst die Regie – nach seinem Adieu-Brief unsere erste ausführliche Begegnung. Es fiel nicht ein einziger persönlicher Kommentar. Bis zur vorletzten Probe.

Kritik im Konversationszimmer, Gobert sagte einige Artigkeiten zu Rühmann, machte ein paar Anmerkungen für Verhoeven, auch für die kleineren Rollen – und wandte sich dann mir zu. Zwei Tage vor der Hamburger Premiere: »Was Sie spielen, gleicht in *nichts* dem, was ich von Ihnen in der Münchner Aufführung gesehen habe!« Folgte eine schier endlose Tirade über verzögerte Anschlüsse, ungenaue Gesten, falsch gedachte Sätze, und er gab mir mindestens zwanzig Änderungen auf.

Für einen Laien ist das Risiko solcher Kritik kaum nachvollziehbar. Eine Inszenierung, bereits fünfzigmal gespielt, in der ich für Rühmann wichtig war als der Partner, der ihm genaue Vorgaben für seine Pointen machte – schon die kleinste Verschiebung des Timings, die geringste Unkonzentriertheit hätte Rühmann irritieren und somit das Ganze gefährden können. Wie sollte ich diese ungerechte Kritik verkraften und zugleich die geforderten Änderungen so einhalten, daß die eingespielte Aufführung nicht aus dem Tritt kam? Immerhin waren Rühmann und ich den ganzen ersten Akt allein auf der Bühne, und in einer Komödie ist der erste Akt der schwerste, weil man zu Beginn das Publikum gewinnen muß. Um die ersten Lacher muß mit großer Präzision gekämpft werden.

Im Konversationszimmer spürte jeder, daß zwischen Gobert und mir eine alte Rechnung beglichen wurde, zu kraß waren seine Kränkungen, zu bleich starrte ich ihn an. Aber mein zweites Hirn, das theaterbesessene, speicherte alle Details seiner Kritik. Wenn ich es nervlich schaffe, dann sollst du sie alle haben, deine verrückten Änderungen! Niemand widersprach Goberts Amok.

An diesem Tag war ich mit Paul Verhoeven nach der Probe zum Mittagessen verabredet, gleich um die Ecke im Theaterrestaurant. Er fühlte sich allein in Hamburg und war froh, mal in Gesellschaft zu essen. Wir verließen wortlos das Konversationszimmer. In meinem Kopf tobten Goberts Beleidigungen, ich war in Panik, daß ich seine willkürlichen Änderungswünsche womöglich nicht bewältigte. So viel Perfidie machte mich fassungslos, aber ich war mir zugleich nicht sicher, ob seine Kritik nicht doch berechtigt war und ich tatsächlich die Münchner Form verschludert hatte. Wie sollte ich mich bis zur Premiere in zwei Tagen entscheidend verbessern?

Paul Verhoeven ging schweigend neben mir auf dem

Trottoir. Und plötzlich sagte er: »Du hast heute gespielt wie immer.«

Nie hat mir ein Kollege mehr geholfen als er mit diesem einen Satz. Er gab mir die Kraft, zu Hause so lange zu proben, bis ich alle, aber auch die kleinste Änderung des Herrn Gobert beherrschte. Auf der letzten noch verbleibenden Probe servierte ich sie ihm, eine nach der anderen. »Das war schon ganz gut«, lautete sein lakonischer Kommentar. Die Premiere lief besser als gut.

Ein paar Wochen später, als ich abends zur Vorstellung kam, sah ich Fotografen am Bühneneingang. Gobert lächelnd in Blitzlichtern: Er hatte seinen Vertrag um weitere fünf Jahre verlängert. Ich begegnete ihm nach der Vorstellung zufällig, meine Garderobe war auf derselben Etage wie sein Büro. Ich wollte nach Hause gehen, er schloß gerade die Tür seines Zimmers ab. Sah mich, kam zu mir, legte seinen Arm um mich und ging mit mir die Treppen runter. Ich merkte, er war etwas betrunken, ausnahmsweise, zur Feier des Tages. Verklemmt, wie ich noch immer war, sagte ich, auf seinen Arm anspielend: »Es könnte uns jemand sehen.«

»Das ist mir scheißegal«, nuschelte er, »so scheißegal.« Und dann der Satz, der mir in Sekunden alles über ihn offenbarte: »Wir wollen doch alle viel mehr gestreichelt werden...«

Ich hätte ihm vielleicht helfen können, wäre er nicht Intendant gewesen. Oder ich – nur Callboy.

IV

In Heidelberg hatte ich ein schönes Zimmer mit einer Wand aus Glas zum Fluß hin, Sonnenseite. Morgens taumelte ich gern nackt auf den Balkon, um dort im Sessel weiterzuschlafen. Abgestürzt in die Idylle am Neckar durch den stolz gewählten Bremer Karriere-Knick? So simpel war's nicht.

In Heidelberg blühten die Mandelbäume, als in Bremen noch Schnee lag. Den kühlen Norden wollte ich so schnell wie möglich vergessen, war aber wieder mal nicht darauf gefaßt, auch hier Theatertalenten zu begegnen, denen ich mich zu späterem Ruhm hätte anschließen können – wäre ich wenigstens an diesem Haus länger als zwei Jahre geblieben. Der erste Regisseur, mit dem ich hier 1967 arbeitete, war Claus Peymann, damals schon durch seine Frankfurter »Publikumsbeschimpfung« berüchtigt, heute streitbarer Direktor des Wiener Burgtheaters. Ich spielte den infamen Verführer Heinrich in seiner Inszenierung der »Rache einer russischen Waise« von Rousseau dem Maler. Mein Gegenspieler und rächender Herausforderer: Otto Sander, einige Jahre später Protagonist bei Peter Stein und heute noch an der Schaubühne.

Dann kam ins – mittlerweile 68er – Heidelberger Theater der flirrende Hans Neuenfels. So frech wie Zadek, allerdings ein wortreicher Selbstdarsteller, fand nicht wie dieser etwas »toll« oder schlicht »beschissen«, sondern eiferte sprachschäumend und durchaus deutschgründlich; verteidigte, forderte, flippte, lachte gerne und wirbelte unwiderstehlich. Er spielte auch instinktsicher mit meiner klemmschuldigen Homoerotik, wußte, wie attraktiv ich ihn fand (wieder der romanische Typus), verbellte aber in abgehobenen Intelligenzkaskaden mit seiner notorisch heiseren Stimme jede profane Körpernähe.

Ich fand ihn ungemein sinnlich und war erleichtert, daß auch er weiter nichts liebte, als auf andere zu wirken. Im

Gegensatz zu mir setzte er Wirkung auch lustvoll in Macht und Action um. Immer wieder erschöpft aufstöhnend: »Ich sterbe!« Drauf schrie die Kantinenwirtin: »Wennsch de erscht dot wärscht! Isch dät dir 'n Kranz aus Blesch kaafe, des desch regne heerscht!« Geschmeichelt lachte er sich gesund, sowas Freches machte ihn sofort lebendig. Die Wirtin hatte ihn im Verdacht, ihren Kater vergiftet zu haben, weil das Vieh mit unerwarteten Auftritten die Vorstellungen zu stören pflegte.

An den Unis erste Polizeiaufgebote. Neuenfels inszenierte »Tango« von Slawomir Mrožek, ich spielte den verstiegenen Revolutionär Arthur, eine knifflige Rolle mit endlosen Tiraden. Einmal schreit Neuenfels auf einer Probe rum, und ich glaube versehentlich, er meint mich. Da brülle ich zurück, wie nicht mal der Arthur brüllt, pack den nächstbesten Stuhl und schmeiß ihn ins Dunkle, zielgenau gen Neuenfels. Stille! Alle sind total perplex, am meisten natürlich ich selbst. Aber auch der Krakeeler ist verstummt, hab ich ihn womöglich getroffen mit dem Stuhl, ist er verletzt? Schließlich seine Stimme leise aus dem Dunkel: »So, und jetzt proben wir ganz ruhig weiter.« Nach der Probe folgt die allgemeine Kritik, er wendet sich mittendrin zu mir und sagt: »Wir gehen ab heute jeden Tag ein Steak essen, du verausgabst dich.« Von da an mußte ich tatsächlich täglich ein Steak essen, unter seiner Aufsicht. Auf eigene Rechnung, versteht sich.

Mein Gegenspieler in dieser »Tango«-Aufführung war Ulrich Wildgruber. Er durfte mich am Ende mit einem einzigen Hieb erschlagen. Als Horatio stand im Bochumer »Hamlet« später ich an seiner Leiche... In Heidelberg spielte er für Neuenfels auch de Sade. Nicht privat. Sie waren's mit dem Theater zufrieden, kein Ausweichen in finstere Keller, und möglichst vor ausverkauftem Haus.

Neuenfels schaffte es sogar, daß wir mit Peter Weiss' »Die Verfolgung und Ermordung Jean-Paul Marats« in Paris gastierten. Immer wieder Paris, sogar von Heidelberg aus... Den »Marat« hatte er sinnlich und modisch-revolutionär inszeniert. Was mir weniger Eindruck machte als die Chuzpe, mit der er die Pariser Premiere stoppte, kaum daß sie begonnen hatte. Wir stürmten gerade los, da fiel der Vorhang. Neuenfels trat vors Publikum. Ein Darsteller sei gestürzt und leicht verletzt, man müsse kurz unterbrechen, dann würde noch einmal begonnen. Brausender Applaus. Niemand war gestürzt. Ein Schauspieler hatte, gleich zu Beginn, seinen Auftritt verpaßt. Als Panne war das Neuenfels zu banal. Blitzschnell entschied er: »Vorhang runter! Macht ihm eine Binde um den Arm, ich geh raus und kläre das!« So war Neuenfels.

Ich verschlief die Revolution auf meinem Heidelberger Balkon, von dem mich nur Werner Schroeter um ein Haar abstürzen ließ. Er brauchte eine spannende Großaufnahme von meinem Gesicht für einen seiner Filme, also mußte ich mich – außen! – ans Balkongitter hängen. Werner stand in Sicherheit und filmte. Ich freischwebend überm Abgrund, er groß meine Angst im Objektiv, immer schwächer die Kraft in meinen Armen... Bis zur allerletzten Sekunde hat er draufgehalten. Und gewußt, wann ich meine Grenze erreichte. Im Film sah man dann nichts von Balkon und realer Gefahr, nur einen tatsächlich spannenden Gesichtsausdruck.

Das Filmen des jungen W. ließ ich mit eher verschlafenem Interesse über mich ergehen, obgleich es sexueller war als das stilvolle Theater. Er zeigte mir mal Szenen mit Rosa als Darsteller; ich behauptete: »Zwischen diesen beiden Aufnahmen habt ihr Sex gehabt, stimmt's?« Er bestritt es nicht.

Ich weiß gar nicht, wieso auch wir miteinander ins Bett segelten. Werner nahm sich, was er brauchte. Er war eine herbe Dürer-Schönheit, außerhalb jeder Mode, sehr schlank trotz hemmungsloser Schlemmerei, groß mit blonden, langsträhnigen Haaren. Unvergeßlich sein gnadenloses Gelächter aus beißlüstern lippendickem

Mund, die vorquellenden Augen oft weit aufgerissen in den nervösen Reflexen eines Weitsichtigen.

Ich sah in ihm den Schüler, den Debütanten, jünger als ich und mir mal wieder haushoch überlegen. Mit Werner im Bett oder vor seiner Kamera – das war für mich reines Spiel, freie Zeit. Nur viel zu oft von Theaterproben durchkreuzt, weshalb ich in den frühen Schroeter-Filmen nur episodisch auftauche, als Marlene Koch.

Ich war nicht bereit, mich ihm ganz und gar hinzugeben wie Magdalena Montezuma, die damals noch irgendwas Bürgerliches hieß. »Montezuma« hatte natürlich auch Werner erfunden, ein idealer Name für diesen androgynen Dämon. Sie war überwirklich. Er machte aus ihr einen glatzköpfigen Herodes, der wieder und wieder aufs Tonband deklamieren mußte: »Gib mir den Kopf des Jochanaan!« Konsequent trainierte Werner sie auf ihren außerirdisch-metallenen Singsang, sie sprach mit magischer Monotonie, auch als tragische »Maria Malibran« – für mich ihre anrührendste Rolle. Mir schauderte damals vor ihrem Mut zur Häßlichkeit, bedingungslos ihrem Guru Werner folgend, würdevoll ergeben.

Ich mußte ihm Gesellschaft leisten beim Frühstück nachmittags um vier, da kam ich von der Probe. Er lachte sich tot übers Theater und tat mir immerhin Türen zu grenzfreien Welten auf. Bei ihm stand alles kopf, woran ich glaubte, an seinem Frühstückstisch kam ich mir gruselnd vor wie einer, der kopfunter baumelt. Eine beliebte Spielart im SM-Sex, aber damals noch nicht für uns. Das Äußerste war, mich zu zwingen, meinen Don Carlos nackt in einer Badewanne zu deklamieren, in der wir zu dritt saßen, Werner, ich und Daniel Schmid – ein wunderbarer Filmregisseur, der versehentlich auch nie an mich gedacht hat.

Was war noch in Heidelberg? Ulrich Wildgrubers Lieblingsseufzer: »Mein Traum von Karriere ist – Chargenspieler in Hollywood.« In unserer Garderobe saß Gottfried John vorm Spiegel und starrte sich trotzig in die kaputt geile Visage: »Mann, bin ich ein dufter Typ!« Später hat er davon Fassbinder überzeugt, als ausgemachter Hetero.

Alles Theaterprinzen. Und ich das Dornröschen. Wer hat mich wachgeküßt? Ein feister Froschkönig. Ausgerechnet in Heidelberg – und fürs Leben.

Es gastierte nämlich ein Regisseur, der über alle Maßen häßlich war, Quasimodos Großneffe. Zwar wußte ich, er war homosexuell, aber ich konnte mich auf die Unantastbarkeit meiner Jugend verlassen, auf meine Bannmeile aus Narzißmus und rigorosem Stolz.

Wir waren zu einer privaten Fete eingeladen, er trank reichlich und fragte mich, ob ich nicht seinen Wagen zum Hotel fahren könne. Warum nicht? Dort hatte er mehr Gepäck, als er allein tragen konnte. Warum ihm nicht helfen? Dieser armen häßlichen Kröte!

Im Zimmer stelle ich das Gepäck ab, er schließt die Tür zu. Macht mir die Hose auf, hockt vor mir auf der Bettkante. Ich seh runter auf die verschwitzte Glatze, auf diese Qualle – und meinen erregten Schwanz. In meinem Sex kannte ich mich schon lange nicht mehr aus. Nur Dirk, der mir nach Heidelberg nachgekommen war, der hatte meinen Schwanz immer parat. Aber ein alter Kerl, angesoffen und potthäßlich?! Er bläst den knallharten Amokpimmel. Das Ding spritzt sogar! Da lächelt das Monster beseelt zu mir rauf und wischt sich die Fresse. Bedankt sich. Ein paar Minuten später stand ich auf der Straße. Und war alles andere als deprimiert. Zwar fassungslos - da hatte es dieser Kerl gewagt, mich, den perplex potenten Prinzen auszusaugen –, aber nicht Ekel, sondern meine geile Erregung war der nachhaltigere Effekt.

Dieser Mann offenbarte mir, daß ich alle Talente zum Strich hatte. Zum Masochismus, wie ich erst zehn Jahre später begreifen sollte. Vor allem aber zur *wirklichen*

Prostitution. Noch ließ ich mir fünf Jahre Zeit damit. Seit diesem Abend wußte ich es.

Auf Heidelberg folgten zwei extrem aktive Theaterjahre in Münster. Horst Gnekow engagierte mich dorthin, als Schauspieler und erstmals auch als Regisseur. Innerhalb kurzer Zeit wurde ich unversehens noch Dramaturg und engster Mitarbeiter des Intendanten. Dazu verhalfen mir vor allem einige geglückte Skandale.

Der erste gleich zu Beginn mit Günter Grass. Ich hatte sein Stück »Davor« bearbeitet und spielte den jungen Schüler Philipp Scherbaum, der aus Protest gegen den Vietnamkrieg seinen Dackel vor dem Berliner Café Kranzler verbrennen will (daher der plakative Titel). Arglos und selbstbewußt luden wir den Dichter zur Premiere ein. Gegen ein gutes Honorar las er aus seinem neuesten Roman »örtlich betäubt« als Matinee im Großen Haus. Mittags bat ihn der Intendant zum Essen, ich hatte die Ehre, sie zu begleiten. Ein Gourmet-Restaurant, sündhaft teuer. Ich erlebte Grass, den Kämpfer für Sozialdemokratie und Arbeiterklasse, als anspruchsvollen Feinschmekker, gierig und mäkelnd. Erste Irritation. Abends die Premiere, ein schöner Erfolg. Aber Grass versammelte uns in einem Nebenzimmer des Ratskellers, dort hatte das Theater einen Tisch reserviert. Wir saßen ehrfürchtig um ihn herum in dieser kühlen Katakombe. Was er heute abend gesehen habe, sei teilweise sogar besser als die Berliner Uraufführung, aber in drei Punkten sei er nicht einverstanden, »die müssen weg«. Wie ein Parteifunktionär in einem totalitären System, diese Assoziation drängte sich mir auf. Gnekow wandte ein: »Herr Grass, es gibt so etwas wie eine interpretatorische Freiheit…« – »Ich bin der Autor, ich entscheide.« Wir waren geschockt.

Es ging vor allem um eine Szene, in der eine Schülerin einen imaginären Dialog mit ihrem Lehrer führt. Ich hatte dazuerfunden, daß sie phantasierte, wie sie sich vor ihm entkleidete – was wir die junge Schauspielerin zeigen ließen: sie zog sich aus. Grass hatte aber gerade in Bayern einen Prozeß verloren gegen irgendeinen Simpel, der weiterhin behaupten durfte: »Günter Grass ist ein pornographischer Schriftsteller.« Also sollte sich nun das Mädchen nicht ausziehen, auch nicht vor ihrer eigenen Phantasie. »Das will ich nicht.« Keine Diskussion.

Wir beugten uns nicht und spielten weiter die unveränderte Fassung. Da flatterte uns eine einstweilige Verfügung ins Haus, die den Strip verbot!

Wir spielten trotzdem, ließen aber in der besagten Szene ein Tuch vor dem Mädchen runter, auf dem das böse Wort »Zensur« stand. Nun war der Teufel los. Alle Zeitungen berichteten. Gnekow live im Berliner Fernseh-Studio. Wunderbar. Ich telefonierte mit dem Großkritiker Joachim Kaiser in München, er befragte mich detailliert zu unserer gräßlichen Grass-Affäre: »Ist sie denn nackt?« – »Um Gottes Willen, nur Mantel, Rock und Pullover zieht sie aus.« – »Ach, nicht mal den BH?«

Es war meine erste Arbeit in Münster, und sofort dieser Wirbel. Phantastisch! Aber plötzlich kippt alles ins Absurde. Studenten besetzen das Theater. Hocken in unserer mutigen Vorstellung und stören. Wer sind die? Grass-Getreue? Wir spielen, die quatschen permanent dazwischen, mit Megaphon und mir dennoch total unverständlichen Texten. Was wollen die? Reden ein Deutsch, das ich nicht kenne, sternenferne Argumente. Leonard Cohen singt gerade traurig »Suzanne« – vom Band, als Background unseres Bühnenwerks –, und keiner hört mehr hin. Wir unterbrechen. Zuschauer protestieren gegen die Störer, ich stehe an der Rampe und argumentiere, die Studenten lachen sich halbtot über meine Ahnungslosigkeit.

An diesem Abend habe ich verstanden, wie Gründgens und viele Kollegen nach 1945 behaupten konnten, sie hätten Politik nicht wahrgenommen. Intensive Theaterarbeit wird leicht zum weltvergessenen Tanz auf der Titanic. Hier schwappte eine Sturmwelle in unseren Musentempel, Herbst 1969, von der ich nichts ahnte. Mein Unwissen muß grotesk gewesen sein.

Gnekow rief die Polizei, ein kapitaler Fehler. Das spürte ich sofort. Die Polizei schaffte Ruhe, wir spielten das (zensierte) Stück. Aber noch in dieser Nacht folgte ich den Studenten, ich wollte wissen, woher die kamen. Sie standen zunächst skandierend vorm Theater, dann gingen sie. Ich ließ mich nicht abschütteln. Wir redeten, gegen drei Uhr nachts im »Republikanischen Club«, so nannten die das. Wir diskutierten, ich erfuhr, wie gründlich sie gegen »das System« waren. Und wieder standen Werte kopf, die ich nie angezweifelt hatte. Einer sagte: »Weißt du, ich hab diesen Film von Godard gesehen, ›Weekend‹, da ist mir klargeworden, das muß alles weg.« – »Auch die Theater?« – »Alles erst mal weg!« – »Und was kommt dann?« – »Keine Ahnung, erst mal muß das kaputt sein.« Das klang fatal. Shaw hat mal gesagt: »Politik ist wie ein Gang auf dem Globus, je weiter man nach links geht, desto weiter rechts kommt man heraus.«

Und schon schlug die Revolte neue Volten. Im Ensemble gab es zwei junge Revolutionäre, ich hatte keine Ahnung! Ich war erst zwei Monate in Münster, und die beiden spielten nicht mit in »Davor«. Rotraut de Neve und Christof Nel. Ich hatte nur beobachtet, wie sie die Grass-Matinee demonstrativ verließen, mittendrin standen sie auf und gingen hoch erhobenen Hauptes raus. Das hatte ich nur nebenbei registriert, kopfschüttelnd über die dreisten jungen Kollegen, ich hätte mich sowas nicht getraut. Zudem hatte Gnekow sie aus Luzern mitgebracht, wo er vorher Intendant gewesen war (und wohin er sich bald zurücksehnte); sie kannten ihn länger als ich. Und plötzlich, als der Alte seinen Auftritt im Fernsehen hatte, die Polizei im Haus und randalierende Studenten – da ergriffen Rotraut und Christof öffentlich Partei für Günter Grass, gegen Gnekow.

Sie organisierten ein Straßentheater vorm Schauspielhaus und spielten »Der Arsch des Intendanten«. In den mußten die Schauspieler reinkriechen. Als Anspielung auf Gnekows Homosexualität war das besonders perfide. Offiziell ging es um Unterdrückung und die Macht der Väter und endlich aufbegehrende Schauspieler.

Inzwischen war Gnekow nach Baden-Baden gereist, dort war er seit langem zur Kur angemeldet. Ich erzählte ihm am Telefon vom Straßentheater. Die beiden Kollegen sollten aber nun nicht gefeuert werden, wie es alle Welt vom autoritären Intendanten erwartete – nur Hausverbot würden sie erhalten, bei Fortzahlung ihrer Gage. Das war ein Akt der Notwehr, denn sie agitierten überall im Haus und wiegelten aufgeschreckte Künstler gegen Gnekow auf. Er war die Idealbesetzung des bösen Vaters: zwei üble Schmisse im markanten Gesicht, schlagende Verbindung und natürlich Doktortitel. Irritierend mein Part: junger Softie, offener Diskutierer, gegen die Polizei – und womöglich gerne im Arsch des Intendanten...

In Gnekows Büro saß mir Christof Nel gegenüber. Ruhig begründete ich im Auftrag des Intendanten das Hausverbot. Nel protestierte nicht, kein lautes Wort. Ich spürte auch keinen Haß gegen mich, es gab nicht mal eine Anspielung auf mein dubios privates Verhalten zum Intendanten. Wir trennten uns ausgesucht höflich. Und haben uns seither niemals wieder gesehen.

Die Münsteraner Kulturrevolte der Studenten brach kurz darauf in einem ebenso absurden wie signifikanten Finale zusammen. Die Grundsteinlegung für das Kleine Haus stand an. Das System butterte Millionen in Gnekows Theater. Idealer Protest-Termin.

Vorsorglich schrieb ich Gnekow für den Festakt eine besonnene Rede; ich hatte ihn längst überzeugt: Nie wieder Polizei. Aber er lud listig ein Musikkorps der Bundeswehr ein. Da saßen dann etwa vierzig uniformierte Musiker auf der Baustelle, Gnekow am Rednerpult, ich im Hauptgebäude hinter der Gardine, alles im Blick. Honoratioren, Neugierige und reichlich Studenten. Sie kamen mit Kindern auf dem Arm, wollten wohl dramatische Bilder in der bundesweiten Presse provozieren: »Gnekows Bullen prügeln wehrlose Müller und Kinder an millionenteurer Baugrube«. Aber er las nur meine Rede.

Gejohle. Gnekow unbeirrt, wie verabredet. Ein Student schneidet das Mikrophonkabel durch. Der Intendant liest lautstark den unaggressiven Text, ohne Mikro. Dann spielt das Musikkorps. Niemand prügelt. Die Studenten tanzen um die Musiker herum, nehmen einigen die Mützen ab. Die Musiker spielen. Die Studenten tanzen. Und dann ziehen sich zwei, drei nackt aus, tanzen nackt zur fröhlichen Blasmusik der Uniformierten. Da wenden sich die Bürger mit Grausen. Revolution? Doch nicht von nackten Narren… Ich steh am Fenster und weiß, wir haben gewonnen. In Münster, 1970 mit der zweitgrößten Universität der Bundesrepublik, wird das Theater nicht »kaputt gemacht«. Dennoch beeindruckten mich die Proteste der Studenten. Auch wenn mir ihre Randale fremd war: ihre Systemkritik beunruhigte mich.

Bald darauf inszenierte ich »Guerillas« von Rolf Hochhuth. Ein Stück über einen Staatsstreich im ›freien‹ Amerika. Ich hatte den Text stark gekürzt und plante wieder interpretierende Ergänzungen, diesmal mittels Filmeinblendungen aus dem realen Amerika. Vorsorglich fuhren Gnekow und ich nach Basel, um meine Textfassung vom Autor absegnen zu lassen. Wir waren gebrannte Kinder.

Hochhuth war ein freundlicher Gastgeber, bescheiden, verletzlich. Seit seinem »Stellvertreter« ein in aller Welt gespielter Autor, gewiß ein reicher Mann. Er fuhr täglich mit dem Fahrrad in sein spartanisches Büro. Auch er aß gern und gierig; im Gegensatz zu Grass genierte ihn diese Lust. Gnekow: »Er hat Angst vorm Verhungern, weil er seiner Karriere nicht traut!«

Wir aßen gegen sieben Uhr zu Abend, nicht etwa vom spendablen Intendanten in ein teures Restaurant eingeladen, sondern bei Hochhuths, er hatte es sich nicht nehmen lassen, uns zu bewirten, sich aber unseretwegen sehr diszipliniert zurückgehalten und nur wenig gegessen. Ab neun Uhr fragte er, ob wir nicht Hunger hätten, »nachdem wir so intensiv arbeiten...« Gnekow begriff sofort, er kannte Hochhuth schon seit ein paar Jahren. »Also, Hochhuth, wenn Sie Hunger haben, dann essen wir!« Erleichtert ließ der Enttarnte nochmals den Tisch decken, diesmal futterte er ungeniert.

Von unserem Krach mit Grass wußte er natürlich, äußerte aber keinerlei Einwände gegen unser Konzept, zu dem auch der Verzicht auf das (von ihm minutiös vorgeschriebene) Bühnenbild gehörte. Ich wollte nur drei, vier neutrale Sitzmöbel verwenden, manchmal sogar nur einen kahlen Stuhl auf der großen leeren Bühne, dazu drei Projektionswände für Dias und Filme. Auch gegen die Einblendungen kein Einspruch seinerseits. Nur über Details im Text hatten wir bisher kaum gesprochen. Hochhuths Stücke sind immer zu lang. Ich hatte keine komplette Szene gestrichen, dafür aber innerhalb der Szenen, innerhalb der Sätze. Das eingestrichene Buch sah aus, als wären Hühner mit Tintenkrallen drübergelaufen, kunterbunt. Wie würde er darauf reagieren?

Am zweiten Tag unseres Besuchs sprachen wir über den Text, Szene für Szene. Ich erklärte meine Änderungen, vermied aber peinlich, ihm mein Regie-Buch zu zeigen. Rein optisch mußten die vollgekritzelten Seiten ihm überdeutlich demonstrieren, wie sehr ich sein Werk beackert hatte. Wir plauderten, diskutierten, ich erklärte diese und jene Kürzung, irgendwann vergaß ich jede Gefahr. Als ich mal pinkeln mußte, legte ich das Buch unter meinen Stuhl auf den Boden und ging aufs Klo. Als ich wiederkam, hatte sich Hochhuth mein Buch gekrallt, blätterte stumm die eingestrichenen Seiten durch. Das war's dann wohl wir konnten abreisen. Ich saß ergeben da und wartete. Er blätterte, las, blätterte. Dann gab er mir das Buch zurück: »Man sieht, Sie haben sich viel Arbeit gemacht.«

Die Inszenierung, wie mit Hochhuth besprochen, gelang. »Ein Denk-Spiel, ohne psychologische Aufweicher«, ein »wesentliches Stück des politischen Theaters«, hieß es in einer Premierenkritik; die Striche und Filmeinblendungen »ersetzten dem Zuschauer Hochhuths essaylangen Textkommentar«. Doch wieder verteidigte einer aus Gnekows Ensemble den Autor, diesmal kein junger Hitzkopf, sondern der altgediente Symeon Karafyllis, Bühnenbildner und zugleich Ausstattungschef.

Er verwies auf Hochhuths detaillierte Angaben zu Bühne und Requisiten, sogar die Holztäfelung im New Yorker Anwaltsbüro war im Buch beschrieben, eine von dreizehn (!) verschiedenen Dekorationen, darunter der Salon einer Luxus-Villa, dann eine Hochseeyacht – und ich hatte nur die paar Stühle!

Karafyllis wollte sich den Speck nicht aus der Pfanne nehmen lassen. Er hatte mir jedoch mit seiner gestalterischen Wut schon einmal eine wichtige Arbeit vermasselt, die Uraufführung von Hans Henny Jahnns »Spur des dunklen Engels«. Gnekow wählte das Stück, um mich als dunklen Engel zu sehen, und ich wollte es als eine Art LSD-Traum spielen, außer aller Zeit, nur leerer Raum und Licht, wie unter Wasser. Statt dessen hatte Karafyllis uns Podeste und Wände und Wagen gebaut, ein Kritiker nannte das, in Anspielung auch auf das alttestamentarische Grundthema des Stücks: »Zwischen Warenhaus und Oberammergau«. Ärgerlich. Ich war entschlossen, mich diesmal durchzusetzen. Mit Hochhuths Plazet im Rücken bestand ich auf meinem Konzept.

Karafyllis beugte sich, schrieb aber am Tag vor der Premiere an diverse Zeitungen, er distanziere sich als Ausstattungsleiter künstlerisch von meiner Arbeit. Der Brief wurde ignoriert. Bis heute widert mich solche absurde Kämpferei im Theater an, wenn nicht um Inhalte, sondern um Karriere gestritten wird.

Ausgerechnet mit einer Komödie leistete ich schließlich meinen aggressivsten Beitrag zur ›Revolution‹. Ich inszenierte »Die Hebamme«, wieder von Hochhuth; das Stück schildert eine liebenswerte Gemeindeschwester, die sich für Obdachlose einsetzt. Ich wollte deutlicher, rabiater als Hochhuth zeigen, warum sich unsere Gesellschaft ganz bewußt die Obdachlosen leistet. Wieder beschaffte ich mir beim WDR Dokumentarmaterial, Reports zur Realität der Abgeschobenen: Wer nichts leistet, steigt ab und endet in Baracken!

Auch bei uns in Münster gab es Baracken, auch hier, wie in anderen Städten, hatte dieses Gelände einen idyllischen Namen: Toppheide. Im Stück setzt die Hebamme alles daran, daß ein Fernsehteam in ihrer Stadt die Baracken filmt, gegen den Widerstand eines SPD-Stadtrats. Auch ich beschloß, unsere Baracken zu filmen, und erhielt prompt einen beunruhigten Brief aus dem Münsterschen Rathaus. Der CDU-Kulturdezernent Dr. Hoss bat mich, davon Abstand zu nehmen, die Bewohner von Toppheide zu filmen und solche Aufnahmen in meine geplante Inszenierung einzubringen. Eine faszinierende Parallele zur »Hebamme«.

Inzwischen hatte ich jedoch Toppheide gesehen und gespürt, daß es falsch wäre, die Obdachlosen vor einer Kamera zu interviewen und sie dem bürgerlichen Publikum ›vorzuführen‹. Man würde sich zurücklehnen und alle Vorurteile bestätigt fühlen: »So kaputte Typen haben doch nichts Besseres verdient!« Statt dessen ließ ich in Münsters Fußgängerzone repräsentative Bürger befragen: »Was ist Toppheide? Warum leben dort Menschen in Baracken?« Die gefilmten Antworten waren, im Kontext des Stückes, beklemmend inhuman und unwissend. Die Zuschauer sahen betreten ihresgleichen auf der Leinwand, und dazu dann den projizierten Brieftext von Dr. Hoss. Empörtes Geraune im Publikum. Ich bewundere noch heute Gnekows Mut. Er wußte, wie humorlos die Herren im Stadtrat reagieren würden.

Erstaunlicherweise schadete so viel Agitations-Eifer der Komödie nicht, es wurde viel gelacht in dieser Aufführung. Das Publikum wählte die Darstellerin der Hebamme zur beliebtesten der Saison (sonst gewann immer der Operetten-Buffo). Wir hatten außerdem Unterschriftslisten ausgelegt, als Protest gegen die Baracken. Hunderte trugen sich ein. Dann stiftete eine Kaufmannsinnung den Bewohnern von Toppheide einen Kleinbus für die Fahrten der dort lebenden Kinder zur weit entfernten Schule. Und wenige Monate nach der Premiere ließ die Stadt auf einer Pressekonferenz mitteilen, man werde die Baracken durch feste Bauten ersetzen.

Gnekow wurde dennoch ein Jahr später gefeuert. Da war ich schon nach Düsseldorf weitergezogen, engagiert vom Intendanten Karlheinz Stroux. Ich war schon 1971 ein müder 68er, mein revolutionärer Atem erschöpft. Gnekow hatte mir zu schnell zu viele Möglichkeiten eröffnet, ich spielte große Rollen, inszenierte, wie und was ich wollte – aber um den Preis eines vierzehnstündigen Arbeitstages. Was blieb vom Leben? Ich gefiel mir in der Rolle als inoffizieller ›Stricher‹ des Intendanten, ich war ungeniert sein Günstling. Für alle ›alles‹ klar. Dieses Image fand ich geil. Wer war ich wirklich?

In mein wahres Leben preschte unwiderstehlich Michael, ein furios selbstbewußter Sechzehnjähriger. Ich hatte für meine Inszenierung »Zicke-Zacke« über hundert Schüler als Mitwirkende angeworben und mich natürlich prompt verknallt, in John, der alles, nur nicht schwul sein wollte. Michael wußte meinen Frust geschickt zu nutzen, und schon saß er statt John auf meiner Bettkante, selbst erstaunt über die eigene Furchtlosigkeit. Der verwöhnte, großbürgerliche Klassenprimus erwacht im Lotterbett der Bohème. Ich sehe ihn noch dort sitzen und schlaftrunken in mein chaotisches Appartement blinzeln. Plötzlich sagte er kopfschüttelnd: »Wenn ich bedenke, wo ich herkomme…«

Bis heute streiten wir darüber, wie er diesen Satz beenden wollte. Schon damals brachen wir in hemmungsloses Gelächter aus. Dieser liebenswerte Botticelli-Engel war schrecklich belesen und altklug, manchmal arrogant und angenehm unsportlich. Den Sex mit mir fand er so richtig wie das Theater erregend, beides war zum katholischen Elternhaus die Gegenwelt, der er bis heute treu geblieben ist.

V

Die Idee, mich endlich professionell zu prostituieren, hatte sich inzwischen fest in meinem Hirn verhakt. Noch gab es Strich für Homos nur in der vulgärsten Kategorie, in Stricherkneipen oder am Hauptbahnhof. Erst zwei Jahre vergangen seit der Strafrechtsreform '69. (Das Jahr vergeß ich nie, bei der symbolischen Zahl.) Erstmals stand gleichgeschlechtlicher Sex ab einundzwanzig Jahren nicht mehr unter Strafe, also auch die männliche Prostitution nicht. Aus einem einfachen Grund: Männer, die sich mit Strichern eingelassen hatten, sollten nicht mehr erpreßbar sein. Wohl oder übel wurde deshalb der Strich entkriminalisiert – sofern keine Zuhälter im Spiel waren.

Als Folge dieser Lockerung des Strafrechts tauchten da und dort Callboy-Annoncen auf. Zunächst nur in Homo-Magazinen, die es offiziell auch erst seit kurzer Zeit geben durfte. Ich war fasziniert. Da boten sich junge Männer für Sex an und veröffentlichten ihre Telefonnummer!

Ich habe gerade eine neue Wohnung in Düsseldorf gemietet, warum nicht gleich ein zweites Telefon beantragen? Ich könnte mich unter einem Spielnamen melden, einem netten Strichernamen. Am Theater heiße ich auch ständig neu: Hamlet, August, Michael, Callboy. Und wenn die Männer am geheimen Telefon nach meiner Adresse fragen? »Ich heiße Michael, aber klingeln Sie bei Knut Koch in der Lueg-Allee!« Nein, ich nenne ihnen eine Telefonzelle in der Nähe, dorthin sollen sie kommen, mich nochmals anrufen, ich hole sie sofort ab. Ja, so geht das doch! So übervorsichtig ging es anfangs tatsächlich.

Sollte ich? Gerade hatte ich am Düsseldorfer Schauspielhaus ein lukratives Engagement angenommen, spielte große, anspruchsvolle Rollen. Alles riskieren? Kaum war der Paragraph gefallen, schon suchte ich mir neue

Abgründe. Und das in dieser schönen neuen Wohnung, der teuersten und komfortabelsten, die ich je hatte. Aber gerade das wäre der richtige Rahmen für die Art Prostitution, die ich meinte! Ich hatte den Rosemarie Nitribitt-Film gesehen: Sie war die bekannteste Luxusnutte in Deutschland. Und sie war tot. Zu hoch gepokert? Ob es noch andere Callgirls in Luxusappartements gab – ich hatte keine Ahnung.

In meiner Freizeit schrieb ich mein erstes Drehbuch, nur um mich zu beschäftigen, zu schützen vor gefährlichen Gelüsten. In Bars lernte ich hektisch ein paar Freunde kennen, alles nur frustrierende Klammerstümpereien. Und weinend saß der verlassene Michael aus Münster in meiner neuen Wohnung. Ein Verräter war ich, unstet, ratlos. Alle meine Amouren endeten in Tränen, meistens weinten die anderen meinetwegen, schlimmstenfalls litt ich selbst. Ohne Lust.

Allein hocke ich in meiner Komfortwohnung. Aus Angst vor Enttäuschung, vor Streit und Lüge, vor falscher Wahl. Nachts allein und nackt im Bett, das quält wie Sonnenbrand; sogar kühles Leinen schmerzt auf der Haut. Schlafen müßte ich und tigere barfuß über den luxuriösen Teppichboden, der mir keinen Wald ersetzt. Einmal, beim Mittagessen, berühre ich mit dem Messer aus Versehen das Glas – und erschrecke über das laute Klirren.

Ich weiß nichts vom nachtfinsteren Hofgarten, Düsseldorfs City-Park, gleich hinterm Schauspielhaus; ich weiß nichts vom Grafenberger Wald am Stadtrand mit regem Verkehr. Ich bin keineswegs der einzige Nackte mit freien Waldgelüsten. Alles viel später erst erfahren! Ich starre meine Türe an.

Und in einer Nacht... die Tür weit auf. Ich stehe nackt auf der Schwelle. Mein Puls poltert mir die Ohren zu, ich warte, atme ruhiger, muß doch meine Feinde hören! Dann, die halbe Treppe schon geschafft, zögere ich lustvoll, kommt wirklich keiner? Meinen Schlüssel halte ich fest umklammert, falls oben die Tür zuknallt, den blöden Gag kennt man. So simpel werde ich mich nicht erwischen lassen. Hört mich wer? Barfuß doch nicht! Also weiter. Bis zur Haustür, so weit traue ich mich. Wie wunderbar beschämend, wenn plötzlich das Treppenlicht anginge, und einer stünde hinter mir: »Herr Koch, was machen Sie denn da, schlafwandeln Sie?« Soll ich dann die Arme heben und so tun, als ob?

Nicht, wenn mich zufällig – nicht auszudenken! – einer der beiden jungen Männer erwischte, die über mir wohnen. Ich sehe sie leider selten, aber ich höre sie öfter, weil sie reichlich Krach haben. Manchmal dröhnt oben stundenlang der Plattenspieler, ein einziges Lied, wie Wolfsheulen: »Mamie Blue«. Die über mir brüllen ihre Musik durchs Haus, ich schleiche nackt die Treppe runter, nun schon die zweite Nacht und mutiger.

Heute machst du die Haustür auf, egal, was passiert. Hab ich den Schlüssel? Also raus! Raus aus dem Schauspielhaus? Der Blödsinn kann dich Kopf und Kragen kosten. Ganz egal, alles egal. Nichts egal! Außerdem kommt da wer, flitz zurück, die Treppe hoch, alle Lichter aus, an der Tür gehorcht, vorsichtig ans Fenster schleichen. Steht schon die Polizei vorm Haus? Nichts. Noch mal Glück gehabt. Mach das ja nicht wieder, du Idiot!

Ein paar Nächte drauf sind es schon drei, vier Häuserwände. Die Traummarke wäre da vorn die Ecke an der Kreuzung. Bis dahin und niemals wieder weiter!

Als ich es Wochen später einmal ums Karree geschafft habe, ist das Spiel hier endlich ausgereizt. Wohin jetzt? Und warum das Herzflimmern allein? Im Wald war ich als Kind nicht allein. Auch hier in dieser Stadt müßten sich Mitspieler finden lassen. Vergewaltiger? Es soll kein nutzloser Zufall sein, wenn mich einer so nackt erwischt, auf offener Straße. Ich muß mich anbieten, frei Haus, nackt die Türe öffnen, bitte sehr, kommen Sie herein und über mich!

Also los, das zweite Telefon!

Es dauerte vier Wochen, bis es verlegt war. Es dauerte drei Monate, bis die Homo-Zeitschrift »Du und Ich« endlich meine Annonce inklusive geheimer Nummer veröffentlicht hatte. In der Zwischenzeit lernte ich im Düsseldorfer Theater Klaus kennen.

Er hatte sich zur Aushilfe als ›Kulissenschieber‹ verdingt, nach geschmissener Dekorateurslehre. Mir fielen seine verschlafen schönen Augen auf, unübersehbar flirtete der blonde, schlaksige Jüngling, sogar in der Kantine, über vier Tische hinweg. Immer stand er ›zufällig‹ hinter der Bühne, genau dort, wo ich auftreten oder abgehen mußte. Zweimal machte ich dazu eine scherzhafte Bemerkung, eines Abends blieb ich mutig vor ihm stehen: »Heute gehen wir Kaffee trinken!« Abends um elf.

Er kam mit mir nach Haus und blieb, obwohl ich bis zum hellen Morgen redete und redete. Achtzehn war er und himmelte mich an, das wollte ich doch gar nicht. Trickreich wie Gobert, aber defensiv, bot ich ihm an: »Wenn du magst, fahre ich dich gerne nach Hause.« Morgens um fünf. Klaus wußte, was er wollte. Einmal in meinem Bett, überrumpelte er mich mit seinem Sex; den konnte er, wie er wollte. Ich konnte, trotz der durchquatschten Nacht, mühelos mit. Aber: »Ich werde nach München gehen, Klaus, der Vertrag ist schon unterschrieben!« Ihm egal, Hauptsache, er durfte bleiben.

Konnte er mich vor meinen Abgründen schützen? Das zweite Telefon klingelte! Ich erklärte: »Klaus, den Apparat hat ein anderer Junge beantragt, den hab ich vor dir gekannt, verstehst du, nur kurze Zeit. Er hat immer unheimlich viel telefoniert, und ich wollte keine Probleme mit der Rechnung... Ich geh jetzt nur an seinen Apparat und sage, den gibt es hier nicht mehr.«

Nach einem Monat meldete ich das Telefon wieder ab. Und versuchte mit Klaus in München einen neuen Start ohne Strich. Wieder an den Kammerspielen, nun als akzeptierter Darsteller in großen Rollen. Fast zehn Jahre hatte ich davon geträumt. Klaus träumte von einem Bauernhaus. Ich fand es ihm, eine niederbayerische Idylle, ohne »Jagdszenen«. Unsere Nachbarschaft dort war erfrischend tolerant, sie nahmen uns, wie wir waren, angepaßt, unauffällig, nette Jungs. Mein anderes Leben blieb in München.

Nur manchmal fuhr ich spätabends nach der Vorstellung noch aufs Land, im Dunkeln nackt im Auto; zweimal nahm ich junge Anhalter mit, die stiegen tatsächlich zu mir in den Wagen und spielten »Kaisers neue Kleider«, plauderten mit dem Nackerten am Steuer. Einer bestand sogar darauf, daß ich ihn nachts durch die engen Gassen seines Dorfes bis fast vors Elternhaus chauffierte.

Für unser freieres Leben in der Stadt hatten wir zusätzlich ein kleines Appartement. Im Keller ein Pool, nacktes Baden erlaubt, auf dem Dach eine große Terrasse, im Sommer frei für »Sonnenanbeter«. 1973! Es mußte nur alles seinen Namen haben. Auf dem Dach hat kein Nackter die Sonne angebetet.

Das einsame Bauernhaus, die anonyme Stadtwabe, das kostete natürlich. Und der Zweitwagen für Klaus. Er hatte eine phantastische Lehrstelle bei einem der zehn besten deutschen Couturiers, verdiente aber nur ganze hundertfünfzig Mark im Monat. Ich war an einem der ersten Häuser engagiert, aber für diese Ehre zahlten sie mickrige Gagen. Erst mal müssen Sie sich bei uns bewähren, Herr Koch. Sich einen Namen machen.

Ich könnte mir, ätsch, einen geheimen Namen machen, »auf dem Wackel«, lang ist das her, zwölf Jahre schon, Robert hieß der Stricher, jetzt fällt's mir wieder ein. Heute sagt man »anschaffen«.

»Also, Klaus, ich muß was Ernstes mit dir besprechen. Wir haben das Haus, unsere Autos, das Appartement – meine Gage reicht nicht. Ich könnte als Schauspieler was dazuverdienen, ganz normal, das machen alle, mal Funk, mal paar Tage Fernsehen, mal Synchron, dort wird besonders gut gezahlt, dafür steht man auch den ganzen Tag in finsteren Studios, am lukrativsten sind Synchrontexte für

Pornostreifen, ich kenne einige Staatsschauspieler, die ungeniert ins Mikro stöhnen, sieht ja keiner... Aber das will ich alles nicht. Es gäb da was anderes, seit langer Zeit hab ich schon die Idee, ich könnte, wie sag ich's nur, also hör zu, ich könnte...«

Da lächelte der blonde Jüngling und wußte längst Bescheid. Er war in Düsseldorf auch ans zweite Telefon gegangen, heimlich, wenn ich nicht zu Hause war. Und hatte sich seinen Reim gemacht.

Erleichtert erklärte ich ihm, wie ich mir das vorstellte: Callboy! Mit finanziellem Nebeneffekt für uns beide, klar doch, aber nicht vorrangig. »Weil es mich einfach geil macht, keine Ahnung, warum, seit Jahren weiß ich das.«

So enthusiastisch erzählte ich ihm meine Phantasien, daß er plötzlich sagte: »Ich mach das auch, genau wie du!« Wie bitte? – Warum nicht, um so besser! »Aber versprich mir eins«, nun war ich ganz besorgter Vater, »wenn es dir keinen Spaß macht, hörst du auf, sofort!« Eigentlich war kaum zu erwarten, daß Klaus dieser zusätzliche Sex nicht gefiel, purer Sex, nichts sonst. Im Gegensatz zu mir wichste Klaus dreimal am Tag und öfter. Vor allem hatte *er* keinen kapriziösen Pimmel, und nicht immer die Sorge, spielt er oder streikt er...

Alles kein Problem für Klaus! Aber dann gestand er mir schon nach seinem zweiten Besucher: »Also, was du mir erzählt hast, wie toll das ist und so... Bei mir tut sich gar nichts!« – »Was, kein Ständer?« – »Doch, klar, aber ich kann nur ans Geld denken, bestenfalls. Es ist total ungeil.« – »Dann hör sofort damit auf!« Es gefiel mir, daß ich es allein machen konnte, ohne seine Konkurrenz und zugleich ohne Heimlichkeit. Manchmal kam Klaus nach Hause, das Bett war belegt, dann mußte er warten, unten am Pool, bis ich ihn holte: »Jetzt kannst du kommen!«

Den ersten Mann, der mich als Callboy-Debütant in München kaufte, kenne ich bis heute. Seit beinahe zwanzig Jahren. Er kam nicht in unsere Wohnung, er bestellte mich telefonisch zu sich nach Hause, am späten Nachmittag.

Erst Kuchen und Tee und ewig geplaudert, als ob er was zu verbergen hätte, dabei war er riesig, aber dann wurde seine Schlafzimmeruhr leider auch immer sechser, und pünktlich zwanzig Uhr mußte doch in den Kammerspielen der Vorhang hochgehen: »Onkel Willie, ich bin's!« Willie hieß in Wirklichkeit Heinz Rühmann, und mein Name war nun endlich Michael. Der Münchner Freund nennt mich noch heute so.

Pünktlich kam ich auch an diesem Abend ins Theater. Nie habe ich ›dafür‹ einen Auftritt versäumt, keiner der Kollegen hat je etwas bemerkt. Auch der große alte Heinz Rühmann nicht, dessen netten Neffen zu spielen mir an allen hundert Abenden eine reine Freude war. Ich erhielt auch Jahre später noch liebenswerte Briefe von ihm. In kleiner penibler Schrift, immer korrekt, niemals verlogen, nie sentimental. Rühmann konnte Schnörkel nicht leiden, und er mochte meine diskrete Zuverlässigkeit. Sollte er jemals von meinem zweiten Leben erfahren, mag er beruhigt sein, ich bin nie unabgewaschen zu ihm auf die Bühne gekommen. Er hatte nämlich einen Tick – er haßte alle bakterienschleudernde Händeschüttelei. Natürlich respektierte ich ihn auch darin gewissenhaft.

Das zweite Telefon. Endlich Callboy! Während ich mich den anonymen Stimmen anbiete, Angaben zur Person, zum Sex, und die Adresse ... zittere ich vor Aufregung.

Und dann stehen wirklich wildfremde Männer vor mir, erwarten meine Initiative, nehmen sich meinen Körper. Ich finde sie durchweg geil, egal, wie die aussehen, dick, attraktiv, schwammig, egal. Ich fasse es nicht, wie angstfrei mein Sex mit ihnen ist, frei von Hemmungen, endlich. Ich gehe auf sie zu, streichle, öffne Hosen, gebe mich ihnen, gebe ihnen, was sie wollen.

Natürlich gibt es Unterschiede. Der eine ist eklig, den halte ich auf Distanz, der andere ist kuschelig, den behalte ich Stunden. Wir liegen nackt am hellen Tag, draußen rennt das Leben, wir reden, streicheln, reden, freier Flug überm Alltagsgewusel. Meine Wohnung eine Insel, geschützt durch die Verabredung: »Auf Zeit gekauft!« Keine Tragödien, keine Abstürze. Meine Männer nennen sich ›Freier‹, aber keiner ist freier als ich selbst.

Weil mich keiner zwingt. Mein verkaufter Sex ist Freizeit. Meine Schauspielerkollegen hängen in Kneipen und Cafés rum, öden sich auf Vernissagen oder bei offiziellen Anlässen – ich liege nackt. Und wenn die Männer gehen, liegt da auch noch Geld, zu meiner freien Verfügung.

Worauf ich allerdings nicht vorbereitet bin, ist ihre Dankbarkeit. Ich kenne Applaus, auf der Bühne... aber Erfolg im Theater rauscht seltsam wirkungslos vorbei, versickert in unberechenbaren Angst-Kübeln: Durch wessen Gnade erhalte ich eine nächste Rolle, werde ich die bewältigen, wer definiert Qualität, bin ich heute en vogue und morgen gekündigt? Die Männer an meiner Tür drehen sich unerwartet noch einmal um, strahlen mich an, dankbar nicht nur für den Sex. Sie rufen mich am nächsten Tag an, nur um zu sagen, wie gut es ihnen bei mir gefallen hat. Sie kommen wieder und wieder.

Nach wenigen Monaten stellte ich mir die Frage, ob ich es nicht wagen wollte, meine sicheren, aber mich auch knebelnden Jahresverträge am Theater aufzugeben und mir zukünftig meine eigenen Angebote zu suchen – freischaffend und frei anschaffend. Das war riskant. Ich kannte bisher nur feste Gagen, regelmäßiges Einkommen, gerade hoch genug, um die monatlichen Kosten zu decken. Zu wenig für Ersparnisse. Bausparverträge hatte ich, wie jeder biedere Bürger, aber auch die waren eine monatliche Belastung. Und wenn mir das nun nicht gelang, mit den freien Verträgen?

Der Weg zurück ins feste Engagement bliebe mir immer, zurück zum Status des ›städtischen Angestellten‹ mit dreizehn Monatsgehältern, Mitglied im Öffentlichen Dienst, aber auch abhängig von der Allmacht eines Intendanten, der mich fürs ganze Jahr gekauft hatte, »für Rollen nach Individualität«, ein echter Profi kann alles – spielen! Falls ich zurück mußte ins Jahresengagement, würde das mindestens ein halbes Jahr dauern; und in diesem halben Jahr hätte ich die festen Kosten, die Verantwortung für Klaus, die Angst vorm Verlust meiner Wohnung und meiner sozialen Sicherheit. Was würde ich tun, wenn ich plötzlich fürs kurzfristige Überleben ein paar tausend Mark brauchte, ohne festes Einkommen?

Ich hatte meine Familie. Mein Vater war tot, auf ihn hätte ich rechnen können, meine Mutter, durch seinen Tod verarmt, arbeitete und sorgte tapfer selbst für sich. Ihr wollte ich nie zur Last werden. Und den Brüdern? Beide in gesicherten Positionen, der eine Wissenschaftler und lebenslang bezahlt von Europa, der andere Arzt. Ich hätte mir lieber die Zunge abgebissen, als sie auch nur um eine Mark zu bitten. Andere Verwandte? Einige waren sehr wohlhabend. Keinem hätte ich auch nur angedeutet, wenn ich in Not wäre. Keinem.

Und meine Kollegen? Da kannte ich einige Stars, man arbeitete zusammen, aber sie um etwas bitten? Undenkbar.

Blieben die privaten Freunde, die man so über die Jahre kannte. Nicht einem hätte ich mich anvertraut. Gab es denn wirklich niemanden?

Doch. Wirklich zuletzt, als allerletzte Möglichkeit, dachte ich an die Männer, die mich seit einigen Monaten kauften, für stundenweisen, manchmal tageweisen Sex. Sie waren nicht reicher als meine Verwandten oder Kollegen. Aber sie waren mir näher. Ich spürte verblüfft, ihnen würde ich mich anvertrauen, vor ihnen könnte ich mich überwinden, Schwäche zuzugeben. Nicht etwa, weil ich gewohnt war, Geld von ihnen zu bekommen, diese kleinen Beträge rechtfertigten nicht eine Bitte um, sagen wir, zehntausend Mark ohne Gegenleistung, aus purer Freundschaft. Was immer sie mir als Freier gaben, war für den freien Sex, den ich ihnen wiedergab. Und doch hatte ich ihnen massive existentielle Not eingestanden. Nur ihnen!

Es kam nicht so weit, ich bekam immer gute Verträge ohne Not. Von meinen Theatergagen ernährte ich Klaus und mich und später auch noch andere. Damals machte mir diese Erkenntnis dennoch enormen Eindruck: Nicht meine Familie, nicht meine Kollegen, nicht meine alten Freunde waren mir vertraut, sondern diese!

Früh habe ich begriffen, daß in der Welt meiner Prostitution nicht nur befreite Spielereien gelebt werden, sondern daß mir hier Freundschaften gelingen, weil ich keine erlernte Rolle spiele. Nicht Bürgersohn, nicht Prinz, nicht kunstverpflichtet. Auch wenn ich ihre Hilfe nie in Anspruch nehmen mußte: seit damals weiß ich, wer meine Familie ist.

So habe ich Freunde kennengelernt, an denen ich ohne mein neues Spiel ignorant vorbeigegangen wäre, denen unsere Freundschaft mit der Zeit mehr bedeutete als unser Sex. Für mich waren diese Männer überlebenswichtige Beschützer. Keiner von ihnen würde mich jemals abweisen. Jeder würde mir tröstend beistehen, aber auch verläßlich zupacken, sollte ich mich in meinen rastlosen Spielen verirren.

Ungefährlich war es nie. Noch immer siedelt ja die Prostitution nahe an kriminellen Milieus; mich dort vorsorglich abzugrenzen, ist mir durchweg gelungen, manchmal wohl eher aus naiver Unkenntnis der Gefahr. Wie nötig hätte ich sonst Hilfe gebraucht…

In meinem narzißtischen Käfig wären mir meine schützenden Freunde nie begegnet. Sie sind mir allesamt näher als meine angeborene Familie.

Ein einziger geriet zufällig in beide Verwandtschaften hinein. Meine Mutter verliebte sich in ihn, eine hochkomplizierte, anrührende Romanze. Ich lernte ihn auf der Reeperbahn kennen, dort verkehrte er so diskret wie unverklemmt. Geprägt von einem freidenkenden Elternhaus, ein notorischer Einzelgänger mit uneitlem sozialen Engagement.

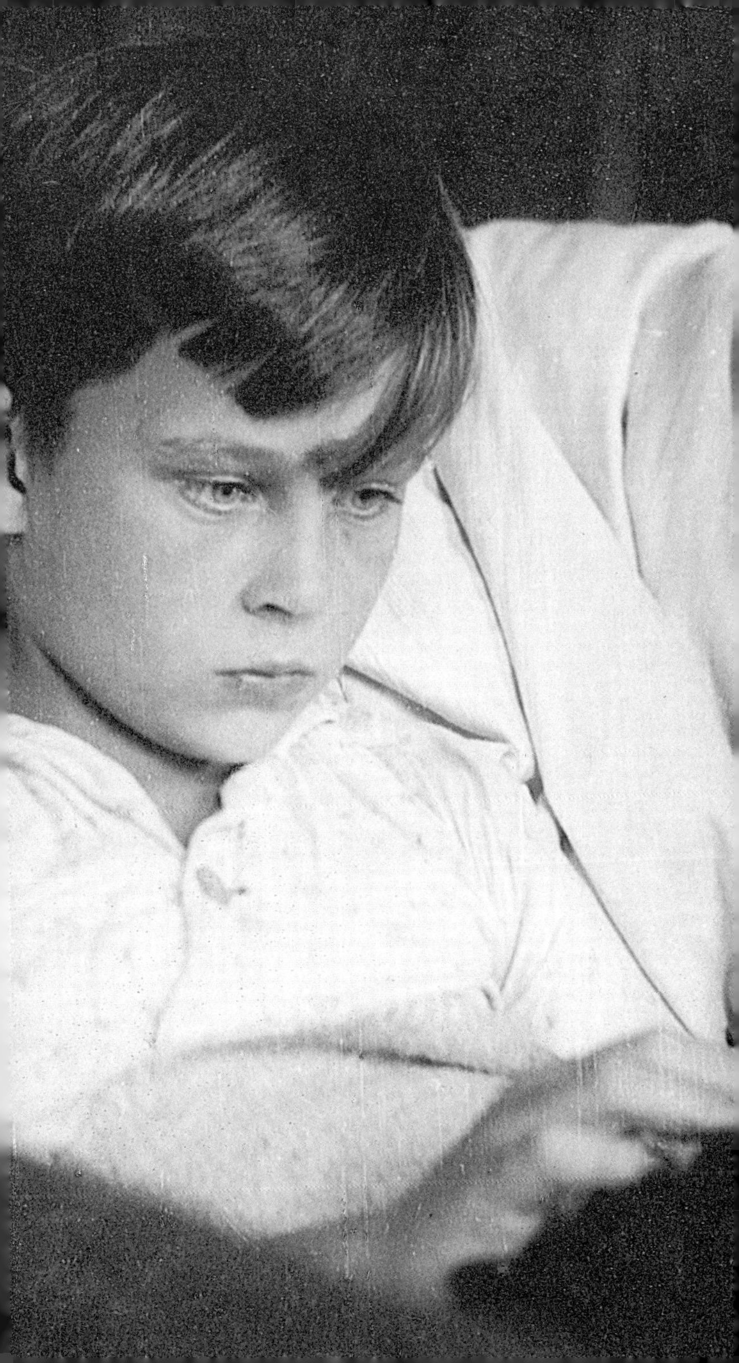

1952

1961

1964

1971

1974

1976

1985

1992

Henning folgte verblüfft der literarischen Diskussion, die ich in einer Stricherbar mit einem Gast führte, und war neugierig zu erfahren, wer sich hinter diesem exquisiten Stricher-Spieler verbarg. Als er mich ansprach, fielen mir seine mädchenkleinen Hände auf, deren musikalische Finesse ich später mit Kribbelschauern genießen durfte. Seine viel zu hohe Stirn markierte ihn zwingend als professoralen Vielwisser. Aber sein einfühlsames Nachfragen beeindruckte mich nachhaltiger. Seine etwas lasche Statur täuschte, sexuell war er alles andere als schlaff. Enthusiastisch und ausdauernd, ein heftiger Umarmer, der sich niemals anklammerte. Dennoch leicht zu kränken, wenn Empfindsamkeiten nicht respektiert wurden.

So reagierte er einmal fassungslos, als er bei mir einen Brief ungeöffnet liegen sah, den er Wochen zuvor geschrieben hatte. Ich versuchte ihm zu erklären, daß er mir den Inhalt des Briefes schon am Telefon erzählt habe, und deswegen sei er liegengeblieben, ›vergessen‹. Das beruhigte ihn nicht, im Gegenteil. Mir gelang es jedoch ein Jahr später, ihn zu versöhnen.

Zu seinem fünfzigsten Geburtstag lud er mich ein, mit ihm in eine europäische Stadt meiner Wahl zu reisen. Ich wählte Paris. Was sollte ich ihm schenken? Im Hotelzimmer fand er am Geburtstagsmorgen fünfzig handgeschriebene Briefe vor, als Ausgleich für den einen ungelesenen. Den letzten Brief hatte ich beendet, während er unter der Dusche stand. »Endlich der fünfzigste, an Deinem fünfzigsten! Wir in Paris, Du grad unter der Dusche, ich noch in den sündigen Betten...«

Henning unterstützte von Anfang an meine Schreibgelüste. Als wir uns kennenlernten, hatte ich nur eine altersschwache Klappermaschine, mir taten beim Abtippen von hundertseitigen Manuskripten die Finger weh. »Könntest du mich bitte mal beraten?« fragte er mich. »Ich möchte mir eine elektrische Schreibmaschine zulegen, aber in technischen Dingen bin ich ein Idiot, wie du weißt.« Ich begleitete ihn in ein Fachgeschäft, beriet ihn ausführlich und in aller Arglosigkeit. Die bestgewählte kaufte er sich. Draußen schlug er vor: »Die Maschine leihe ich dir vorerst mal lebenslang, einverstanden?«

Als ich vierzehn Jahre später meine Scheu vor Computern überwand und mir so etwas sündhaft Teures tatsächlich anschaffte, bestand er darauf, sich am technischen Fortschritt finanziell zu beteiligen; mochte meine/seine olle Maschine auch veraltet sein, unsere Freundschaft blieb auf der Höhe – der Zeit.

Meine Mutter lernte ihn kennen, als Henning und ich sie in New York trafen, um gemeinsam nach Frankfurt zurückzufliegen. Wir kamen aus San Francisco, meine Mutter hatte ihre Schwester in Ohio besucht. Während des Fluges saß sie zwischen uns beiden. Ich versuchte zu schlafen; um Mitternacht hörte ich Champagnergläser klingen, blinzelnd sah ich eine flirtende Mama, die ich so übermütig noch nie erlebt hatte. In dieser Nacht verliebte sie sich unsterblich in den Unerreichbaren. Er war ihr dennoch aufrichtig zugetan. Wann immer sie sich in den folgenden Jahren trafen, kramte Mama in endlosen Gesprächen alle unerledigten Fragen ihres verstörten Lebens hervor, mit nie ermüdender Geduld gab er ihr Antwort. »Sag mal, Henning, wie ist das eigentlich mit dem Analverkehr?« Als ich das hörte, ergriff ich die Flucht. Seine Antwort schien sie zu befriedigen. Ihm ist es zu danken, daß die Kapriolen ihres verzauberten Prinzen-Sohnes wenigstens meiner Mutter nicht fremd geblieben sind. Informiert, geriet damit auch sie zwischen die Fronten der zwei Familien.

Auch mein Traum vom Theater war ja ursprünglich gewesen, dort eine mir vertrautere Familie zu finden. Eine Truppe, die mich aufnahm, mir alles abverlangte, aber auch alles bot. Intimste Gemeinsamkeiten im freien Raum der Künste. Ariane Mnouchkine hat über Molières Leben einen Film gedreht, für mich der schönste der Welt. Weil er neben wunderbaren Bildern und brillanten Dialogen vor allem dies zeigt: eine Truppe, die sich um

Molière geschart hat, mit ihm lebt und teilt und leidet und siegt. Und stirbt…

Während ich in meinem Münchner Appartement lag und Anrufe annahm – viel mehr Anrufe, als leider Männer kamen, um sich an mir zu bedienen –, da hatte ich Zeit genug, mir ein ideales Leben auszuträumen. Als Theater-Star? Filmschauspieler? Lover eines phantastisch reichen Freiers? Nein, ganz anders.

Ich hatte einen Mann kennengelernt, der als englischer Diplomat Mitglied in einem der vornehmsten Clubs von London war. Es beeindruckte mich enorm, wie stilvoll Männer hier ihre freie Zeit verbrachten, in eleganten Räumen, vor der profanen Außenwelt geschützt. Seitdem hatte ich einen ganz besonderen Traum.

Es könnte doch einen Club geben, der zwanglos gesellige Räumlichkeiten bietet, ein Restaurant, eine Bibliothek, ein Café, ein Billardzimmer usw. Nur zahlende Clubmitglieder haben Zutritt – und fest angestellte Boys, an die in den oberen Etagen private Appartements vermietet sind.

Den Boys ist streng untersagt, irgendeinen der Gäste ›anzumachen‹, auch über Geld darf niemals gesprochen werden. Aber alle wissen, jeder Boy ist zu haben. Die Herren können den Patron – das wäre zum Beispiel ich selbst – fragen, welchen Sex dieser oder jener Junge macht. Bei Interesse wird er dem Herrn vorgestellt, sie plaudern, gehen in sein Appartement. Zuvor zahlt der Herr an der Kasse des Hauses, dort zahlt jeder, das Essen im Restaurant ebenso wie den Tee in der Bibliothek – oder eben den Jungen.

Dem zahlt das Haus später nur ein Drittel seines Honorars bar aus. Zwei Drittel gehen auf sein Sparkonto. Jederzeit kann der Boy aus diesem Job aussteigen und dem Haus kündigen, aber sein gespartes Geld bekommt er erst nach einer Frist von einigen Monaten – eine Regelung, die ihn vor allzu leichtfertigem Umgang mit Geld schützen, ihn aber auch motivieren soll, dem Haus nicht aus einer Laune heraus untreu zu werden.

Und der Verdienst des Hauses selbst? Nun, wie in dem noblen Londoner Club, der rein nichts mit Prostitution zu tun hatte, aber kommerzielles Modell für meine edle Idee war: Der Club finanziert sich aus den Mitgliedsbeiträgen und aus der Gastronomie. Dazu kämen bei mir noch die Einnahmen aus der Vermietung der Appartements an die Boys, keine überhöhten Preise und eher aus pädagogischer Absicht einkalkuliert – falls ein Junge sogar zu faul zu seiner Lust wäre, müßte er wenigstens die Miete verdienen. Oder einem anderen das Appartement überlassen, dem es wirklich Spaß macht.

Ich lag stundenlang und träumte von meinem idealen Club-Bordell. Fatal edle Gesinnung. Ein paarmal habe ich später versucht, mich mit anderen Jungs auf fairer Basis zusammenzutun. Leider fehlt mir dazu jede aggressive Autorität. Fast alle, die sich prostituieren, sind rasch verdorben durch zu bequemes Geld, unfähig, sich selbst zu verwalten. Wie gewonnen, so zerronnen; und strömt das Geld mal nicht wie gewohnt, läßt es sich auch unredlich beschaffen. Ich habe es ihnen oft genug leicht gemacht, mich zu belügen und zu betrügen. In Hamburg, nach fast zehn Jahren Erfahrung, gab ich eine Annonce auf: »Callboy sucht Partner als Freund.« Mindestens vierzig Boys meldeten sich. Gewählt habe ich ausgerechnet den, der mich später eiskalt benutzte. Typisch.

Trotzdem, warum soll es einen solchen Club nicht geben? Mit einem begabteren Chef, als ich es je wäre? Seit 1969 ist Prostitution zwar legal, aber einen Bordell-Club, auch den edelsten, kann die Obrigkeit jederzeit schließen und den Patron drakonisch bestrafen. Wir sind noch himmelweit entfernt von einer menschenwürdigen Bordellkultur. In der Antike dienten Huren im Tempel, gab es die Hetären, so respektiert wie Minister. Man stelle sich vor, heute dürften Callgirls im Mercedes mit Blaulicht durch die Stadt brausen... Aber wir leben im verklemmten Abendland, christlich und verbiestert.

Um in den beiden Boulevardzeitungen Münchens als Callboy inserieren zu dürfen, mußte man sich auf dem Gewerbeamt einen Gewerbeschein besorgen – als Fremdenführer. Mit diesem Schein plus Vorlage des Personalausweises plus amtlich bestätigter Anschrift durfte man in der Zeitung als »Gesellschafter« oder »Kavalier« annoncieren. Nur diese beiden Titel waren gestattet, die Mädchen durften sich auch als Fotomodelle anbieten. Von Prostitution kein Wort.

Warum? Nach wie vor war verboten, was das 1969 reformierte Gesetz »Förderung der Prostitution« nannte. Eine bewußt vage Definition. Sie sollte zwar die Mädchen vor Zuhältern schützen, doch schon ein Wohnungsvermieter konnte sich als »Förderer« schuldig machen, und ebenso jede Zeitung, die Werbung von Prostituierten veröffentlichte. Also war man Fremdenführer oder Fotomodell. Von anderen Absichten ihrer Inserenten wußten die Zeitungen offiziell nichts.

Aber sie kassierten ein Wahnsinnsgeld. Damals gab es den Spruch, Deutschlands erfolgreichster Zuhälter sei Axel Springer, weil er die Mädels mächtig abkassiere. Nicht in München! Da gab es die »Bild«-Zeitung zwar auch, aber in der »AZ«, die nicht Springer gehörte, füllten die Annoncen zeitweilig mehr als eine ganze Seite. Sie wurde mit der seriösen »Süddeutschen«, die natürlich derlei Schmutzinserate nicht brachte, im Druckhaus des Süddeutschen Verlags gedruckt. Beide Zeitungen saßen im selben Gebäude an der Sendlinger Straße. So eng beisammen liegen manchmal ›Schmutz‹ und ›Anstand‹.

Da ich nun wußte, wie human und wichtig die Arbeit von Prostituierten war, schrieb ich im Höhenrausch meiner frisch befreiten Moral einen Brief ans Feuilleton der »Süddeutschen«. Verwegen prangerte ich die Verlogenheit der Rechtsprechung und die Geschäftemacherei der Presse an, verteidigte dagegen den sozialen Wert der Prostitution. Mir war klar, daß die »Süddeutsche Zeitung« einen solchen Text nie drucken würde, ich wollte sie provozieren, mir eine Absage zu schreiben. Ich wollte darüber hinaus Absagen seriöser und doch ›zuhälterischer‹ Zeitungsverlage sammeln und diese Heuchelei dann öffentlich machen. Aber es kam kein Antwortbrief vom Feuilleton der »Süddeutschen«. Ich hatte die ehrbaren Normalos unterschätzt, die erledigen so was eleganter.

Wer diesen aufmüpfigen Freizeit-Callboy einschüchtern wollte – wer auch immer –, der mußte dorthin zielen, wo ich am verletzlichsten war, am Theater.

Seit der Schauspielschule hatte ich davon geträumt, an den Münchner Kammerspielen engagiert zu werden. Nun war ich es. Dennoch schickte ich meinen Text an die Zeitung als Schauspieler, bereit, mich zu bekennen. Aber war ich auch bereit, das Theater für den Sex zu verlieren? Den Showdown hätte man alptraumhafter nicht inszenieren können.

»Sonny-Boys« war angesetzt. Erstmals kam Inge Meysel ins Theater, um mich zu sehen, wir kannten uns bereits seit zwei Jahren. Ausgerechnet am selben Abend wie Boy Gobert, der die Inszenierung ja für Hamburg kaufen wollte. Vier Jahre nach unserem Bruch per Brief würde er unten im Parkett sitzen und entscheiden, ob er auch mich fürs Thalia Theater mitkaufte. Boy Gobert und Inge Meysel, die stressige Kritikerin. Und ich im ersten Akt allein mit Rühmann.

Ich kam abends zur Vorstellung. Der Pförtner gab mir einen gewöhnlichen blauen Umschlag, irgendeine Hausmitteilung aus der Verwaltung vermutlich, irgendwas Banales. Obgleich es eine Grundregel ist, vor der Aufführung nicht mal ein Telegramm zu lesen, und schon gar nicht an einem so wichtigen Abend wie diesem – ich dachte nicht nach und öffnete das Kuvert. Zwei Bögen waren drin, ich brauchte Minuten, bis ich kapiert hatte, was das war. Auf dem ersten Blatt die Fotokopie eines anonymen Briefes, adressiert an den Intendanten: Angabe meiner vollständigen Adresse, der Text meiner »Gesellschafter«-Annonce, dazu die Forderung, diesen Schauspieler sofort zu entlassen, weil er sich prostituiere, andernfalls werde man das publik machen.

Seit meiner Kindheit, als ich mit den Nachbarskindern nackt erwischt worden war, hatte mich niemand mehr ertappt. Ich wollte an diesem Abend beweisen, insbesondere der Meysel, daß ich ein seriöser Schauspieler war. Und las nun auf dem zweiten Blatt eine lapidare Ladung des Intendanten Hans Reinhard Müller: Gewöhnlich ignoriere er anonyme Briefe, aber er habe die Angaben per Telefon überprüft und sehe sich gezwungen, mit mir darüber zu sprechen, ich möge mir von seiner Sekretärin einen Termin geben lassen.

Woher nimmt man die Konzentration, selbst unter solchem Schock eine Vorstellung diszipliniert zu spielen? Ich wollte nur schreien und wegrennen und brauchte alle Kraft, um mein panisches Hirn im Zaum zu halten. Spielen? Der einstudierte Text kam fehlerfrei, ansonsten: alles verloren. Gobert würde mich vergessen und Inge Meysel befinden, daß ich unbegabt und ihrer sowieso nicht wert war. Und mein Engagement an den erträumten Münchner Kammerspielen war wohl auch hops.

Nach der Aufführung traf ich zunächst Inge Meysel wie verabredet in der »Kulisse«, dem Theaterrestaurant. Sie fand, ich hätte anfangs etwas verkrampfte Hände gehabt, das spielte sie mir sofort vor, aber sonst sei es in Ordnung gewesen. »Ich hatte einen anonymen Brief!« – »Darüber regst du dich auf?« – »Sie ahnen nicht, worum es geht.« Ich sagte immer »Sie«, das war ein Spiel zwischen uns. »Sowas muß man ignorieren.« Diskret fragte sie nicht nach Details. Alle ihre homosexuellen Freunde waren immer irgendwie erpreßbar, damit mußte man leben, das durfte einen nicht kaputt machen. »Und was werd ich meinem Chef sagen?« Hans »Rheingold« Müller, dem aufrechten

Bayern. »Na, der wird doch so was nicht ernst nehmen!« Sie wußte nicht, wovon sie sprach. Wir wurden von Gobert unterbrochen, den meine bezähmte Panik nicht ansatzweise so irritiert hatte wie die unerwartete Inge Meysel jetzt sie verdarb ihm offenkundig sein Konzept für unser Wiedersehen.

Dann saß ich Herrn Müller gegenüber, in genau dem Büro, wo ich damals hoffnungsvoll Hans Schweikarts Johannisbeersaft getrunken hafte. Müller fand meine Annonce »saudumm«. Feige hatte ich das Inserat bereits gekündigt und beteuerte rückgratlos, ich wolle mein geheimes Leben dem Theater opfern. »Ein rein privates Problem, es hat mit meinen Neigungen zu tun.« Die interessierten ihn gar nicht. Saudumm war es. Kein Grund zur Entlassung des jungen Kollegen, mitten in der Spielzeit und in wichtigen Rollen besetzt. Und just mitgekauft für Hamburg. Der Herr Direktor Müller nahm zur Kenntnis, daß ich alles gestoppt hatte. Und verlängerte ein Jahr später meinen Vertrag nicht, »aus künstlerischen Gründen«.

In Wahrheit standen zu der Zeit Hans »Rheingold« und ich gemeinsam auf der Bühne, er spielte meinen Vater, eine kleinere Rolle, ich den exzessiven glatzköpfigen Sohn von Maria Nicklisch, in »Die Mutter« von Stanislaw Witkiewicz. Müller, Direktor und Kollege, erlebte, wie mir das Publikum seines Theaters stehend applaudierte. »Künstlerisch« war ich dennoch nicht in Ordnung.

Ich gab das geheime Leben nicht auf für die Kunst, nur besser getarnt war ich von nun an. Nie wieder wollte ich so erwischt werden, mich jetzt nur um so entschiedener von »künstlerischen« Knebelverträgen unabhängig machen. Dem anonymen Brief verdankte ich den Schub, mich auf meine eigenen Beine zu stellen. Und prompt entdeckte ich beim »Sonny-Boys«-Gastspiel in Hamburg die Reeperbahn. Die Große Freiheit...

Es gibt für mich nur eine Erklärung, woher der anonyme Brief gekommen war. Die exakte Angabe meiner Adresse, Appartementnummer und Etage, c/o Klaus J. –

die Wohnung war auf meinen Freund Klaus angemeldet –, das alles war deckungsgleich mit den Angaben, die ich der Zeitung als »Fremdenführer« vorgelegt hatte. In dem anonymen Brief ans Theater hatte gestanden, ich sei Gesellschafter »für Frauen und Männer«. Jeder meiner ›Kunden‹ wußte, bei mir gab es keinen Sex mit Frauen, auch nicht gegen Honorar. Aber wer in einem bayerischen Boulevardblatt unter der Rubrik »Kavaliere« inseriert, der bumst Frauen, und nur wenn er ganz besonders verkommen ist, gibt er sich auch noch mit Männern ab.

Nachdem ich einige Wochen lang nicht mehr in der »AZ« inseriert hatte, rief mich ein Feuilletonredakteur der »Süddeutschen« an: »Sie haben uns diesen Text geschickt, den haben wir mit großem Interesse gelesen, aber ich denke, Ihnen ist klar, daß wir das leider nicht drucken können...« Folgten ein paar freundliche, aufmerksame Plauderphrasen. Dann kam ein paar Tage später mein Text zurück. Kommentarlos, nichts Schriftliches vom honorigen Verlag.

Inge Meysel, plötzlich taucht dieser Name auf. Wir kannten uns, seit ein befreundeter Schauspieler mich ihr vorgestellt hatte. Ich war fasziniert von der privaten Inge Meysel. Ein leiser, blitzgescheiter Mensch, sehr einsam, unglaublich zäh, diszipliniert – und gierig auf Witz, am liebsten mit Biß.

Immer wenn ich sie in den ersten Jahren unserer gehüteten Freundschaft traf, war ich so gestreßt wie beflügelt. Sie kritisierte mich gnadenlos, mit federleichtem Florett, punktgenau – aber nie ohne Sympathie. Und so oft wir lachten, vergaß ich meine humorlosen Kinderjahre. An gescheitem Witz und Übermut hatte ich unstillbaren Nachholbedarf.

Inge Meysel muß gespürt haben, daß ich ihre Nähe nicht dort suchte, wo von der öffentlichen Sonne auch auf mich etwas niederstrahlte. Am liebsten Auge in Auge. Das ergab sich schon ab dem Hamburger Gastspiel, sie bot mir das Gäste-Appartement in ihrer Villa an. Seitdem besuchte ich sie oft. Wir führten überraschend ungeschützte Gespräche, verbargen immer weniger voreinander. Zwölf Jahre lang kannte ich sie.

Im letzten Jahr unserer Freundschaft fragte sie, ob ich mit ihr in ihrem Haus allein die Weihnachtstage verbringen wolle. Und weil ich zu der Zeit in Berlin spielte, bot sie mir auch dort ihre Wohnung an. Glückliche Tage, als sie mich bei sich besuchen kam! Ich liebte es, ihr Geschenke zu machen, sie konnte sich maßlos freuen.

1984 war *sie* es, die mich überredete, bei einem Hamburger Prominenten-Arzt einen HIV-Test machen zu lassen, mit aller gebotenen Diskretion. Ich ließ mich auf dieses wahnwitzige Risiko ein, ihretwegen. Wie würde einer wie ich mit dem Verdikt »positiv« umgehen? Ich stürbe voreilig an Hysterie! Das Testergebnis war kein Todesurteil – und das verführte nun Inge Meysel zu der dringenden Empfehlung, ich solle nach dem Berliner Engagement nicht in meine ominöse Reeperbahn-Wohnung zurückkehren. Vorerst könne ich doch in ihrem Gäste-Appartement leben.

Unglücklicherweise traf mich ihre großmütig gemeinte Geste in einem heftigen Schub von Masochismus, wie er mich oft nach Phasen langer Enthaltsamkeit packt. Fünf Monate hatte ich krampfkeusch in Berlin gelebt, natürlich keinen Mann in ihre Wohnung verschleppt; ich war extrem eingeschüchtert, so knapp nach dem befreienden Testergebnis. Wenn es ein Wunder wollte, daß ich nicht sterben mußte, durfte ich mir das geschenkte Leben nun nicht zerbumsen lassen. In den fünf Berliner Monaten ging ich ganze vier Mal in eine Leder-Bar – und dort nicht ins Pissoir, keine Keller-Action. Ich bestellte mir einen Whisky pur, weil Alkohol desinfiziert... und nicht mal den Whisky rührte ich an. Man wußte zu der Zeit noch nicht genau, wie Aids übertragen wurde; im Test waren die Antikörper nachweisbar, aber das Virus war noch nicht identifiziert. In dieser Bar entdeckte ich erste Flugblätter: Infos über Safer Sex.

Man durfte also wieder – mit Gummi! Grauenhafte Dinger, aber zurück in Hamburg-Reeperbahn bestellte ich mir sofort meinen alten Freund Hans, einen braven Ehemann, der für den Sex nur seine Frau und mich hatte. Ich lag entspannt im Sling und ließ ihn gewähren, mit Pariser. Und Gleitgel, das war entscheidend, ohne Gel scheuerte es wie Fahrradschlauch. Mit – war's wunderbar! Wenn das alles sein sollte, wenn so mein Leben und meine geheime Freiheit ›safe‹ waren...

Kurz darauf fuhr ich zu nackten Ferien nach Cap d'Agde, vier Wochen. In der ersten Woche unterbrach ich den Urlaub und reiste nach Paris, dort hatte ich einige Drehtage für den Fernseh-Zweiteiler »Zerbrochene Brücken«. Auf dieser Bahnfahrt schrieb ich einen langen Brief an Inge Meysel.

Gewiß vom Moment geprägt, gewiß in einigen Passagen zu egoistisch – aus Sorge auch, sie werde mich sonst nicht ernst nehmen. Ich schrieb, daß ich mein eigenes Leben suchen müsse, in meiner selbstgewählten Wohnung. In ihrem Haus zu leben, das könne für mich allenfalls »wie Kino« sein.

War denn die Reeperbahn, war mein schwarzes Studio, waren meine kurzgeschorenen Haare und die grobe Kette um den Hals (sofort nach Drehschluß war ich in Paris zum Friseur gegangen, die Kette trug ich nun auf der Rückreise), waren meine Sklaven-Spiele weniger »Kino«...?

Ich bat sie, mich anzurufen, sobald ich wieder in Hamburg sei, sofern sie meine Entscheidung verstehe. Andernfalls würde ich sie nicht bedrängen und ihr Schweigen als Antwort akzeptieren.

Sie schwieg. Und sagte einige Jahre später, als ein Freund sie auf mich ansprach, mit steinernem Gesicht: »Der Knut ist kälter, als man denkt.« In einem Brief hatte mich Gobert vor der »Einsamkeit des Karrieristen« gewarnt. War es nun so weit? Einsam auch ohne Karriere.

Einsam starb Gobert seinen viel zu frühen Sekundentod. Einsam nannte sich Inge Meysel oft. Konnten wir je aus unserer Haut?

Kaum ein Jahr darauf kaufte ich in Hamburg eine gutbürgerliche Wohnung. Hohe, weiße Räume, eine große Terrasse, ein schöner Garten. Am Schauspielhaus nahm ich ein Engagement an. Und Lehrer an einer Schauspielschule war ich. Das hätte ihr gefallen müssen. Aber ich lebte zugleich auch »unverbesserlich« meine Lust-Spiele. In meiner hellen Wohnung stand ein weißer Schrank mit biederen Lamellentüren; wurden die geöffnet, quoll ein schwarzes Innenleben hervor: Tisch, Bock, Ketten, man lag bequem mit hochgehievten Beinen. Außerdem hatte ich im Badezimmer eine extra große Dusche einbauen lassen, ebenerdig, mit viel Bewegungsfreiheit. Und großem Spiegel.

Inge Meysel verzeiht niemals, da hält sie's mit dem Alten Testament.

VI

Ich hatte viele Chancen, aber nie den Durchbruch. Kein Ehrgeiz? Zu wenig aggressiv? Mein Traum war eine Karriere als Drehbuchautor, der seine Bücher selbst inszeniert und natürlich die männliche Hauptrolle spielt... Sowas haben ein paar Vorbilder durchaus geschafft, unter ihnen einige hoch verletzlich und nicht karrierebullig. Etwa Woody Allen, nicht gerade der Prototyp des aggressiven Kämpfers. »Es ist wunderbar, Regisseur, Autor und Hauptdarsteller in einer Person zu sein – da brauche ich mich mit niemandem zu arrangieren«, sagte er in einem Interview. Beneidenswert.

Auch Heinz Rühmann prügelte sich nicht um Karriere und konnte seine Rollen frei auswählen – oder? Während »Sonny- Boys« meinte er zu mir: »Ich habe gehört, Sie schreiben. Mir werden immer so langweilige Bücher angeboten. Aber jetzt denkt eine Hamburger Produktion an eine Serie mit mir als Bürovorsteher einer Anwaltskanzlei. Schreiben Sie mir doch dafür mal einen Entwurf, vorerst für vier Folgen.«

Ich interviewte einen echten Hamburger Bürovorsteher, der mir freundlich Auskunft gab, und schrieb Entwürfe für vier Episoden. Rühmann war sehr erfreut, fand die Geschichten wirklich komisch, meine Dialog-Beispiele gefielen ihm – also alles gelaufen! Blieb nur eine kleine Hürde. Ein Gespräch mit der Dramaturgin der Produktionsfirma, zugleich Gattin des Produzenten. Rühmann avisierte mich, die Dame plauderte gediegen und gewogen, alles lief perfekt.

Nicht ganz. Es stellte sich heraus, daß sie die Bücher selbst schreiben wollte. Rühmann weigerte sich. Entweder der Knut Koch oder gar nicht! Die Serie kam nicht zustande. Stall dessen schrieb die Dame später ein peinlich unwitziges Drehbuch für zwei Stars, es spielte in einem Antiquitätengeschäft. Das wurde hoch besetzt mit Rühmann und Peter Ustinov, zur besten Weihnachtsfernsehzeit gesendet und übel verrissen.

Meine Reaktion auf diese Enttäuschung: Wenn mich Rühmann nicht durchsetzen kann, dann schaffe ich es eben alleine! Den Stoff hatte ich schon, eine Erzählung von Ricarda Huch, »Der letzte Sommer«. Sorgfältig und textgetreu arbeitete ich sie zum Dreiteiler aus, natürlich mit einer wunderbaren Rolle für mich selbst. Die drei Bücher schickte ich an Franz Peter Wirth, Mitte der Siebziger noch einer der maßgeblichen Bosse bei der Bavaria.

Ich hatte ihn 1965 kennengelernt, als ich an den Kammerspielen bei einer seiner seltenen Bühneninszenierungen assistierte. Ein Jahr später schickte ich ihm aus Bremen mein Theaterstück »Marguérite«; er antwortete: »Sie können Bilder schreiben. Wenn Sie wollen, biete ich Ihnen in näherer oder fernerer Zukunft die Möglichkeit, bei mir als Regieassistent zu arbeiten – nicht um Kaffee zu holen, sondern um möglichst schnell selbst fürs Fernsehen zu arbeiten...« Von einem solchen Brief kann man doch nur träumen. Ich nutzte sein ernst gemeintes Angebot nicht. Mir war das Spielen wichtiger. Und zehn Jahre danach machte ich mir Hoffnung, dieser vielbeschäftigte Mann werde meinen dreihundertseitigen Dreiteiler lesen?

Tatsächlich rief er mich an, war begeistert und wollte »Der letzte Sommer« unbedingt machen. Na bitte! Doch 1975, nach der ersten Ölkrise, wurde wie wild gespart, um Gottes willen keine Dreiteiler. Wirth fand keinen Produzenten.

In Hamburg schrieb ich zur selben Zeit Inge Meysel einen ›authentischen‹ Krimi auf den Leib. Sie war gerade auf Tournee, ich schickte ihr das Buch, sie rief mich an: »Der spannendste Krimi, den ich je gelesen habe!« Na bitte! »Aber das kann ich nicht machen, die Geschichte ist zu realistisch!« Ich verstand nicht recht. »Irgendein Irrer spielt das sofort nach, das ist doch geradezu eine Einladung!« In meinem Psycho-Krimi sollte sie als die wirkliche Inge Meysel auftreten, die an einen jungen, unberechenbaren Schwärmer gerät, der sie in Lebensgefahr bringt – »So was provoziert Nachahmer!« Sie wurde fast zornig, als ich das zu bezweifeln wagte.

Natürlich hätte ich mich cleverer verhalten und mit diesem Krimi zu einer anderen, mutigeren Darstellerin gehen sollen. Aber das Buch hatte ich doch für die Meysel geschrieben. Auf eine so abtrünnige Idee, es umzuschreiben, kam ich nicht. Auch mit dem Bürovorsteher hätte ich bei anderen Produzenten anklopfen müssen: »Dies würde Herr Rühmann gerne spielen!« Aber ich hatte es in seinem Auftrag geschrieben, da konnte ich mich doch nicht selbst drum kümmern.

Sentimentaler Gedanke, ob ich jemals Callboy geworden wäre, wenn 1974 mein Buch für Rühmann... oder wenn ich um die Zeit schon Fernsehregisseur gewesen wäre, weil ich zehn Jahre davor auf Wirths Angebot... Das ist mein Leben nun mal nicht gewesen. Aber fragen darf man doch?

Dann frag dich auch, ob du die Kraft gehabt hättest, als freier Mensch in diesem Monsterapparat Deutsches Fernsehen zu leben! Zur »Goldenen Kamera«, Springers Klüngel-Oscar, nahm mich Inge Meysel mal als Begleiter mit. Da stand ein kaltes Büffett auf endloser Tafel, erlesenste Schlemmereien. Immer an der Wand lang und appetitlich angerichtet. Als Dekor hing überm protzigen Fressen ein runder Trogdeckel aus Holz darauf stand, bauernbunt gemalt: »Unser täglich Brot gib uns heute!«

In keinem Bordell hab ich je etwas Obszöneres gesehen.

Karriere und Erfolg: Selbstbewußt und selbstverständlich werden sie am Geld gemessen. Nur im Zusammenhang mit Geilheit ist Geld verpönt. Immer wieder erbost mich dieser absurde Vorwurf gegen die Prostitution. »Es schockiert mich nicht, daß du es machst, weil ich deine Einstellung dazu kenne. Was mich trotzdem stört, ist die Tatsache, daß du Geld nimmst für etwas, das jeder unverzichtbar braucht.« Eine junge, tolerante Jurastudentin hielt mir das mal locker vor.

»Unverzichtbar« brauchen wir auch Lebensmittel. Wenn im Supermarkt für gutes Geld gutes Essen verkauft wird, ist das in Ordnung. Wenn mir einer faule Eier verkauft, ist das Betrug. Das gilt für den Supermarkt – wie für den Callboy.

Im übrigen unterscheidet sich der bezahlte Homo-Sex in einem Punkt deutlich vom Hetero-Strich. Die Huren reden beim Sex immer wieder vom Geld, sie erhöhen den Preis für jede neue Leistung, versteigern sich sozusagen – und die Männer steigern mit. Redet ein Callboy derart von Geld, steigt der Mann sofort aus. Selbst Callgirls, die dieses Feilschen verachten, müssen das Spiel mitspielen, weil es die Männer aufgeilt. Bis zur Demütigung: »Eine Hure mit Klasse zeigt für Geld nur Verachtung. Sie rührt es nicht an, solange der Mann noch im Zimmer ist.« Diesen Tip bekam ich ausgerechnet von einem Zuhälter. Er hatte drei Mädchen ›laufen‹ und erholte sich bei mir von dem Streß, sie sexuell bei Laune zu halten. Ein Vollprofi.

Bei den ersten Gagenverhandlungen am Theater war es mir äußerst peinlich, wenn ich eine Summe nennen sollte. Bis mir klar wurde, welch perfider Trick in der Intendantenfrage steckt: »Wieviel hätten Sie sich denn vorgestellt?« Er spekuliert auf mein Schamgefühl! Und taxiert später meinen Wert an der Höhe der Gage. Je billiger eingekauft, desto nachlässiger kann er den Künstler behandeln. Ich brauchte viele Jahre, bis mir dieser Zusammenhang überhaupt aufging. Es gilt im Theater als indiskret, andere Kollegen nach der Höhe ihrer Gage zu fragen. Und noch immer macht man sich bei Intendanten unbeliebt, wenn man das ausplaudert. Alle Gagen werden ›frei‹ ausgehandelt – und bemessen sich an welchem Wert?

Viele Schauspieler nennen sich mit gewissem Sarkasmus »Huren«, weil sie ihren Körper, ihre Phantasie, ihr Nervenflirren meistbietend verkaufen. Sie haben, insbesondere für Funk- und Synchronarbeiten, sogar den entschuldigenden Spruch parat: »...die Augen starr aufs Honorar gerichtet!«

Seit ich als Privatpatient die Rechnungen von Ärzten in die Hand bekomme und sehe, für welche Leistungen sie welche Honorare nehmen, verzeihe ich jeder Hure die rüdeste Forderung. Ärzte und Hochleistungssportler und Künstler dürfen astronomische Summen verlangen, hoch geehrt, aber Huren werden verachtet, weil sie ›dafür‹ Geld nehmen.

Ein heute sehr prominenter Schauspieler verhandelte, noch jung, aber schon ohne Skrupel, die Gage für den Hamlet und nannte auf die verlogene Frage »Was hätten Sie sich denn vorgestellt?« eine unverfroren hohe Summe. Sein Verhandlungspartner kippte fast vom Stuhl und stotterte: »Aber... ich hatte maximal an die Hälfte gedacht!« Darauf eiskalt der Schauspieler: »Das versteh ich jetzt nicht, spielen Sie den Hamlet, oder spiel ich den Hamlet?«

Was spricht dagegen, auch die Dirne und den Callboy zu respektieren? Während »Sonny-Boys« am Hamburger Thalia Theater gastierte, spielte ich im »Club Exquisit« auf der Reeperbahn die Hure – öffentlich fast, nicht mehr versteckt in meinem Appartement. Und ausgerechnet dort bewies mir ein Hamburger Geschäftsmann verschmitzt und spielerisch, wie man diskret und respektvoll mit einem Callboy umgehen kann.

Er sprach mich an: »Du siehst, ich bin heut abend mit einem Freund gekommen, aber ich würd mich gern mit dir treffen, wann hast du Zeit, nächsten Mittwoch?« – Da hatte ich Vorstellung. »Mittwoch könnte ich erst gegen elf!«

Pünktlicher Hanseat, erschien er tatsächlich zur vereinbart späten Stunde im Club. Ich hatte rasch im Theater geduscht und war direkt zur Reeperbahn gefahren. Er bestellte einen Drink und fragte, ob wir in seine Wohnung... Warum nicht? Wir fuhren. In seinem Wohnzimmer bot er mir einen Sessel an und ließ mich kurz allein, um »eine Flasche Wein zu holen«. Neben dem Sessel lag ein Stoß Zeitungen, und mittendrin, wie zufällig sichtbar, halb heraushängend, das Programmheft von »Sonny-Boys«.

Wir tranken Wein und plauderten, er wartete diskret ab. Nebenbei bemerkte ich irgendwann: »Das hab ich natürlich gesehen, unser Programmheft, auffallend dezent...« Wir lachten, aber niemals hätte er mich direkt darauf angesprochen. Hamburg at its best. Und um wieviel souveräner als Direktor Müller in München!

Mit diesem ›Kunden‹ verstand ich mich blendend, obwohl ich im Bett nicht seinem Ideal entsprach. Er stand auf sportive Typen, als junger Mann hatte er selbst Sport getrieben; jetzt hinderte ihn sein seriöser Kaufmannsbauch daran. Wir sind viele Jahre gute Freunde geblieben. Dieser Mann sagte mir damals: »Du wirst noch mit fünfzig auf den Strich gehen.«

Im vergangenen Jahr habe ich neue ›Freier‹ getroffen, für sehr speziellen Sex, und unverändert erfolgreich. Da war ich fünfzig.

In diesem Club an der Reeperbahn war ich nun endlich nicht mehr Narziß. Es war alles klar, auch mit mir. Die einen verkauften sich, die anderen kauften. Jeder Stricher konnte sich beim Barkeeper erkundigen, ob der Käufer seriös war. Jochen, das faire Rauhbein, erzählte aber den Männern auch alles Wissenswerte über uns – auf Anfrage.

Die Bar war plüschig und doch hell genug. Wandspiegel, kleine Tische, rot gepolsterte Bank die Wand entlang, mit Blick zur Türe: Who is next? Zimmerschlüssel an der Theke, für ein paar Stunden, die ganze Nacht, zuweilen zu dritt. Offiziell wechselte man von der Bar »Exquisit« ins Hotel »Florida«, aber das waren zehn Zimmer auf derselben Etage. Inventar unverändert seit den frühesten Fünfzigern, wohlig beheizt, ohne Bettdecke, sauberes Laken genügte, in der Ecke ein Waschbecken. In meinem Lieblingszimmer hing an der Wand das große Ölportrait eines seriös gekleideten jungen Mannes, ich nannte ihn den Ölprinzen.

Erhebend der Erfolgsmoment, wenn ich aus dem Zimmer in die Bar zurückkam, alle anderen Boys sahen meinen zufriedenen Kunden; und mich, unversehrt. Man nahm einen Nachtrunk und unterhielt sich – dezenter Flirt schon mit dem nächsten Lover. Vor den Stricherkollegen war es schmeichelhaft, mehrmals »auf Zimmer« mitgenommen zu werden.

Diese frühen Monate meines Stricherlebens waren eine virtuose Zeit: im Thalia Theater mindestens fünfzehnmal im Monat mit Rühmann auf der Bühne, nachts im Club auf der Reeperbahn meine wirkliche Haut verkauft und von dort heim in die Villa an der Süderelbe. Inge Meysel ahnte nichts, war meist auf Tournee. Ich verließ das Haus am Abend für das eine oder das andere Theater, kam im Morgengrauen zurück von der Reeperbahn oder aus irgendeinem anderen Bett, saß dann den ganzen Tag und schrieb für die Hausherrin den Krimi, der sie so sehr erschreckte.

In der Villa nichts von Reeperbahn, mit Rühmann nichts von Subkultur. Im Club war ich wie die anderen Jungs. Natürlich wußte der Barkeeper Jochen auch, was ich im Bett ›brachte‹, dafür hatte er seine Informanten. Was ich draußen machte, war ihm Wurscht. Und ich hab nicht damit geprotzt, die sollten mir den Stricher glauben.

Die Männer kamen aus allen Schichten, da saß der Kranführer neben dem Professor, da gab's Popoklatscher vom Literaten (gegen Aufpreis), da ließ sich der Herr Senator ungeniert ficken. Es gab vulgäre Stricher, aber auch einen Jurastudenten, der sich verkaufte.

Einmal unterhielt ich mich mit einem der Jungs über das Leben und die Zukunft. »Ich mach mir langsam Gedanken, ich bin doch schon dreiundzwanzig!« Ich verriet ihm nicht, daß ich zehn Jahre älter war und gerade erst angefangen hatte mit der Stricherei.

Und noch einer war so neu wie ich im ›Gewerbe‹, Ralf: erst achtzehn und von keines Gedankens Blässe angekränkelt. Ein großäugiger Lockenkopf, schmächtig und in seinen Bewegungen tapsig, aber bereit, über alles und jeden zu lachen. Im Club nervte er mich anfangs damit, bis wir spätnachts mal überraschend ernsthaft miteinander redeten.

Er war mit einem teuren Fluchthelfer aus der DDR getürmt, um seinen Vater im Westen zu suchen. Der wollte von ihm nichts wissen. Also blieben die Ersatzväter. Die zahlten überdies die Raten für den Fluchthelfer.

Ralf war mehr mollig als schön, kein Typ fürs Titelfoto – und doch über viele Jahre erfolgreicher als viele andere. Genial begabt, seine Partner in nie gewagte Geilheiten zu entführen, mit sicherem Instinkt: Was sie nur ahnten, er machte es mit ihnen. Einen Mann inspirierte er dazu, sich mit den verschissenen Borsten der Klobürste ficken zu lassen. Ich kam anschließend zum Kaffee, und der Mann saß mit noch immer hochrotem Kopf begeistert da.

Ralfs Talent zeigte sich schon bei den Vorgesprächen. Ein Chamäleon als Zuhörer. Er konnte sich in kürzester Zeit auf sein Gegenüber einstellen. Dieser ›ungebildete‹ Junge brachte jeden dazu, über urpersönliche Themen zu sprechen. Ralf wußte nichts und begriff alles. Jeder fühlte sich von ihm verstanden wie von keinem Menschen sonst, in beruflichen, familiären, weltanschaulichen und natürlich intimst sexuellen Problemen. Da kannte Ralf sowieso kein Tabu. Und wenn ihn doch mal jemand ekelte oder enttäuschte, lachte er das einfach weg.

Natürlich schwappten ihm solche Verdrängungen manchmal als Flutwellen übers Gemüt; vorm Ertrinken flüchtete er sich dann ins Saufen. Hinter all dem verbarg sich eine alte Wunde. Seine Mutter war unstet gewesen, kümmerte sich in Affenliebe um ihren Sohn und vergaß ihn wieder für Monate, gab ihn bei ihrer Schwester ab. Beide Frauen kämpften um die Gunst des Kindes. Ralf spielte ihnen, was sie jeweils von ihm erwarteten. So lernte er früh, auf andere einzugehen – in vorauswissender Enttäuschung: Wie gut ich es ihnen auch spiele, sie werden mich doch verlassen.

In diesem Wissen unserer vergeblichen Zuwendung fühlten wir uns verwandt, niemand würde uns halten, wir hangelten über Abgründen, und am verläßlichsten ließ uns Geilheit das vergessen. Wir gaben uns als Geschwister aus, und alle glaubten das. Ralf war verlorener. Ich konnte mich disziplinieren für meine Theaterpflichten, er versank immer wieder im Alkohol – oder brach aus in haltlosen Haß gegen die ferne Wolke Glück. Einmal saß er weinend bei mir: »Wenn es am friedlichsten ist, wenn um mich rum alle glücklich sind, dann muß ich das zerstören.«

Er trieb mit denen, die ihn zu lieben wagten, die grausamsten Spielchen, lockte sie mit Versprechungen, die er brutal platzen ließ. Und meist war er selbst dabei das Opfer.

An seinem fürchterlichsten Absturz wäre jeder andere zerbrochen. Ralf hatte sich im Westen etabliert, er wohnte in einem schicken Appartement an der Alster, für die nächsten Wochen war er eingeladen in ein Ferienhaus auf Sardinien. Zuvor aber galt es noch, zwei rivalisierenden Liebhabern mitzuspielen. Als Spielort hatte er Berlin ausgewählt. Dorthin flog er ab und zu übers Wochenende, ließ sich mit Luxuskarosse vom Flughafen abholen und stieg im Kempinski ab. Er, der kleine Ostler, mit haßgeliebter Mama drüben. Diesmal hatte er beide Lover nach Berlin bestellt, jeden in dem Glauben, er wäre der einzige. Virtuos traf Ralf an diesem Wochenende den einen für ein paar Stunden, dann den anderen und wieder den ersten, jeweils wurde reichlich gesoffen – bis die Geprellten sein Spiel durchschauten und ihn zur Rede stellten. Frustriert und betrunken beschloß Ralf, sie fürs Leben zu strafen: »Ich gehe jetzt zu meiner Mutter!« Ein Wort gab das andere, schon stand Ralf am Grenzübergang, schon war er verhaftet – und verbrachte drei Jahre im Gefängnis, zu acht Mann in einer Zelle. Das Alster-Appartement, die Ferien im Süden…

Freunde erhielten ihm seine Wohnung und machten es schließlich möglich, daß er von der Bundesregierung freigekauft wurde. Er kam zurück nach Hamburg und lachte wie früher. Nun trieb er mich erst recht zu exzessiven Spielen an.

»Laß doch deine Theaterhopserei!« – »Bist du verrückt, ich bin viel zu alt für was anderes, ich brauche das Theater.« – »Alles Quatsch, was du brauchst, ist *ein* Leben wirklich.«

Wirklich waren für ihn keine Kulissen. Wirklich war, auch meine heimlichsten Lüste hervorzulocken. Es genügte, daß ich eine Idee auch nur andeutete, schon machte Ralf eine Tat daraus. Mich abends mitten in der Stadt nackt abzusetzen, war da noch harmlos. »Du steigst dort an der Ecke aus, gehst die Straße hoch am Café Spund vorbei bis zur Ampel und wieder zurück.« Gesagt, getan. Nur blieb Ralf nicht mit meinem Auto stehen wie verabredet. Ich war auf dem Rückweg, aus dem Spund schon eine Meute johlender Tunten hinter mir: »Hallo, du hast was verloren!« – er fuhr davon. Ich nackt hinterher. Fenster wurden geöffnet, Leute riefen, Ralf im Schrittempo weiter. Nach einer halben Ewigkeit ließ er mich endlich einsteigen und brauste lachend mit mir davon.

VII

Im September 1975 entdeckte ich Amerika.

In San Francisco ging ich fast jeden Tag für ein paar Stunden ins Pornokino. Einmal war ich ungewohnt angriffslustig.

Schon im Hotel merkte ich das, zog Stiefel an und Lederjacke, was für mich damals ungewöhnlich war. Im Kino wußte ich sofort, was ich wollte: eine dunkle Kabine und ein Opfer.

Ich spürte Aggressionen, die ich bisher nicht kannte. Und ich fand einen Partner, der voll darauf abfuhr. Befehle, Griffe, Schläge, Stiefel, Körper rauf und runter, Maul auf! Die Enge zwang uns nur noch heftiger aufeinander. Kein privates Wort, nur meine Befehle, blind verstanden in der stockfinsteren Kabine. Wir hatten unseren Orgasmus in derselben Sekunde.

Bis dahin schon ein ungewöhnlich intensiver Sex, völlig überraschend nun der Wechsel: Ich empfand auf einmal ein unwiderstehliches Verlangen, ihn, den ich attackiert und gedemütigt hatte, innig zu umarmen, zu streicheln überall. Nicht als kopfgesteuerte Pflicht, »man läßt sich danach nicht einfach so stehen« – nein, ich mochte gar nicht aufhören damit. Und ebenso er. Meine Aggression hatte unsere Zärtlichkeit entfesselt. Darin berührt der Sadomasochismus die Liebe.

Leider habe ich diesen phänomenalen Partner nicht in den hellen Tag geholt und mir erhalten über den Moment hinaus. Heute wüßte ich solche Übereinstimmung höher zu schätzen.

In einem anderen Pornoshop entdeckte ich ein Heft mit Fotos von Piss-Sex. So schamlos kannte ich das nicht. Die wenigen Male, die man sich gegenseitig in der Dusche ans Bein gepinkelt hatte, Albernheiten! Ich war in Deutschland auch keinem ›perversen‹ Ami mehr begegnet, seit München nicht.

Und jetzt seh ich ausgewachsene Kerle in diesem Pornoheft, pissnasse nackte Haut, suhlen sich hemmungslos auf einem Fell, drei Kerle, pissend und *davon* aufgegeilt. Auch den Mund gierig offen, aber den Saft lassen sie seitwärts rauslaufen, mit Bier vermischt, und einer schlürft die Brühe aus der Arschspalte, vom Sack, sogar von den Füßen. Und reichlich Sperma dazu. Der totale Wahnsinns-Porno!

Aber ich traute mich nicht, das Heft zu kaufen. Durchgeblättert und ins Regal zurückgestellt. Am letzten Tag in San Francisco raste ich doch noch in den Laden, wußte exakt, wo der Porno stand, er leuchtete mir entgegen. Pisser! In Europa würde ich mich schwarz ärgern, wenn ich diese Kerle jetzt nicht kaufte. Also gar nicht erst drin blättern, cool entscheiden. Aus Verlegenheit legte ich ein zweites, harmloseres Heft dazu und genierte mich trotzdem vor dem Boy an der Kasse. Der sah das Piss-Heft und sagte: »Oh verdammt, unser letztes Exemplar, das hätte ich so gern selbst gehabt!« Auch wenn es gelogen war: ein prima Verkaufstrick.

Landung in New York. Ich war wie von der Kette gelassen. Alle angelernten Ängstlichkeiten, Kontaktscheu und Selbstzweifel wie weggefegt. Wahllos weggeblasen...! Hier in New York war ich wieder das Kind, das allein in die Stadt spazierte, furchtlos, himmelweit weg von allen einschüchternden Ermahnungen. Keine halbe Stunde hielt ich's im Hotel aus, raus, raus und rein ins Labyrinth.

Es war wie nackt im Wald, unbekannte Energien, alle Instinkte wach, freie Wildbahn – keiner schützt mich, keiner kennt mich, keiner grenzt mich ein, kein höhnisches Gelächter. Ich ließ keinen dunklen Sexschuppen aus. Sogar kaputte, gescheiterte Typen auf der Straße erschreckten mich nicht, alte Bekannte aus den Slums meiner Kinderträume. Schaudernder Sog ins nackte Nichts, verdreckter Niemand in New York.

Ich lief nachts allein durch die Straßen, nicht zu dicht an den Hauswänden, nie nach dem Weg gefragt, immer selbstbewußt voran. Wie einer, der hier überleben kann. Auch wenn ich heute weiß, daß es nur unverschämtes Glück war, nicht in den frühen achtziger Jahren dorthin gekommen zu sein! Als Aids von einem Arsch zum andern flatterte, und keiner ahnte es.

In meinem New Yorker Gay Guide fand ich auch den »WC-Club« und das »toilet«. Wieder zauderte ich bis zum letzten Moment. Ich weiß nicht, weshalb ich mich fürs »toilet« entschied, es klang wohl rabiater als »WC«.

Abends elf Uhr steh ich allein vor einem hohen, abbruchreifen Fabrikgebäude in einem gottverlassenen Viertel im Westen Manhattans, in Sichtweite ein Lederlokal, »Eagle«, das traditionsreichste von New York. Ein alter Lastenaufzug ruckelt aufwärts, ich stolpere in einen kleinen Vorraum, ringsrum kahler Bretterverschlag, zwei, drei Dollar Eintritt. Süßlicher Pissgeruch schon hier, das bilde ich mir zumindest ein. Ein schummriger kleiner Saal, rechts eine Theke, es gibt nur Bier in Dosen. Die sind für Pisser klassisch, manche pissen auch in die leeren Dosen. Das hab ich in meinem Pornoheft so gesehen. Ich stehe schüchtern rum und halte mich an meiner Dose fest. Es ist der Tanzsaal bei uns im Dorf, Stunden vor dem Ball.

Ein halbdunkler Gang führt zu nachtschwarzen, leeren Nebenzimmern. Das Wort »darkroom« habe ich noch nie gehört. Aber Dunkelheit suche ich in dieser Nacht nicht, nicht mehr. Im Gang Löcher in der Wand, auf Schwanzhöhe, zu den dunklen Zimmern hin. Von hier aus kann man seinen Schwanz ins Schwarze durchstecken, ungesehen. Aber ich will sehen. Und gesehen werden. Später höre ich von dort klatschende Schläge und Schreie.

Ein Durchgang führt in einen größeren Toilettenraum. Von der Decke eine nackte Glühbirne. Zwei offene Klokabinen, ohne Türe. So früh am Abend kann ich mir meinen Platz aussuchen. Ich wähle die linke Kabine. Entdecke oben in der Ecke eine Ablage, alles klar. Nackt ausgezo-

mich aufs kahle Klo gehockt. Im »toilet« total allein in New York. Und keine Ahnung, was passieren könnte, nur den klaren Wunsch, daß es mir passieren soll. Unbedingt! it happens, happy birthday! Fast jeder Kerl, der hier reinkommt und mich da nackt hocken sieht, fast jeder pisst drauflos. Von abends elf bis morgens fünf, fast pausenlos. Auf mich namenloses Nichts in New York. Überraschend körperwarme Zärtlichkeit. Nicht einfach wie Wasser, nein, wie streichelnde, fließende Hände. Vom Hals, vom Kopf abwärts über Brust und Bauch, von dort plätschernd zwischen den Beinen ins Klo, daneben, ganz egal, alles egal. Mir voll ins Gesicht, auch in den Mund. Und von dort schwappend raus auf meine nackte Haut. Reichlich Sperma dazu, ich blase jeden Pisser dankbar, wenn er das will.

Klo auf der Kanonenkugel, Prinz Münchhausen fliegt zielgenau zwischen Wolkenkratzern. Heute nacht kein Lügenmärchen, auch kein Pornoheft, ich, wirklich ich selbst fliege hier, durch Ströme von Piss und Wichs. Baumgroße Kerle, Schwarze, alles Typen, die einen wie mich noch nie im Leben beachtet haben, an die ich mich nie im Leben rangetraut hätte, was soll ich denen bieten? Hier schütten die grinsend ihre Geilheit über mich, stehen schamlos über mir. Nur ein einziger Grobian packt plötzlich mein Kinn, klemmt seinen pissenden Schwanz fest: »Swallow it!« Vielleicht, wenn er es netter gesagt hätte. So provoziert er nur meinen Trotz, nichts wird geswallowt. Worauf er wütend seinen Schwanz rauszieht und mir eine runterhaut. – »Sorry!«

Allzu viele Sado-Kerle haben diese phantasielose Brutalo- Platte drauf. Die machen sich lächerlich. »Auf die Knie, Sklave!« Warum soll ich vor einem Kerl knien, solang er keine wirkliche Macht über mich hat? Selbst wenn er mich fesselt, bin ich ihm zwar ausgeliefert, aber noch längst nicht ergeben... Ach ja, der Traum vom weitsichtigen Sado, der sich mir erst mal ins Hirn impft, bis ich mich willig durch jedes Nadelöhr winsele, und dann lebenslang. Es gibt genügend Wege zu solcher Macht, auch in meinen Kopf rein.

Das war später mein Erfolgsgeheimnis, wann immer ich als gekaufter ›Sado‹ die zahlenden Masos zum Kick treiben mußte. Ich hatte Phantasie dafür, was sie wann und in welcher Dosierung brauchten, um abzuheben. Mal mehr ins Hirn, mal milligrammgenau verteilte Peinsamkeit. Ein falscher Handgriff konnte den Trip verderben. Und als Vorspiel fieberten die meisten nach krampflösenden Zärtlichkeiten. Auch zwischendurch die beruhigende, streichelnde Hand. Und nach dem Flug brauchten sie Hilfe, jeder auf seine Weise, alle Masos sind dankbar, wenn ER sie auffängt. Auch zärtlich, warum denn nicht?

Wie in dieser New Yorker Nacht der blonde Boy zärtlich ist, der mich irgendwann auf dem Klo entdeckt hat und nicht mehr aus den Augen läßt. Wann immer es mal eine Pause gibt im Strom der Kerle (alle aus dem »Eagle« mal eben rübergekommen zum Pissen), hockt sich der junge Blonde vor mich und leckt meinen Körper ab. Leckt alles ab mit Gier und Schmatz! Und wie die Amerikaner das so drauf haben, sagt er strahlend: »Mann, das ist super, wie du hier sitzt, phantastisch.« Kniet vor mir, lieb und adrett in Jeans und Polohemd, lächelt, schlürft und streichelt – mich.

Ein Typ steht derweil im Gang, hat seinen Schwanz durch ein Wandloch gestopft, irgendwohin, aber mir schaut er zu. Auch andere schauen zu. Sitz ich nur auf einem Theaterklo? Nein, der Blonde bläst wirklich und richtet mich auf, wieder und wieder, Stunden um Stunden.

In dieser Nacht in New York, im »toilet«, überwältigt mich statt Abwehr und Ekel nie gekannte – Dankbarkeit! Ganz und gar unbegreiflich in dieser Nacht. Mit jedem Pisser wird das unwiderstehlicher: »Thank you – thanks!« Nicht nur »danke« fühlen, bestenfalls, nein, es deutlich sagen. Denen, die mich demütigen.

Und wenn sich ein paar schüchterne Jungs vors Klo nebenan stellen zum Pissen, greife ich sie am Handgelenk, bitte komm rüber, was für eine Verschwendung! Beuge mich einfach rüber und greife mir die Pisser und kann meine nackte Dreistigkeit kaum fassen.

Mich erstaunt die übermächtige Dankbarkeit. Aber in dieser Nacht denke ich nicht darüber nach. Frage mich vielmehr, wie ich da jemals wieder rauskomme, keine Dusche hier, wie stinke ich denn womöglich? Helle Bierpisse stinkt nie, das weiß ich aber noch nicht. Jeder Taxifahrer wird mich rausschmeißen, denke ich, so ein verpisstes Schwein chauffiert keiner durch halb New York, peinlich! Und morgen, wie werde ich mir morgen in die Augen sehen? Ich begreife, in dieser Nacht fliege ich über eine Grenze – wer wird da drüben landen? Ich? Wer ich? Egal!

Ich schwimme in Pisse. Und mit mir der blasende Blonde. Er – nicht ich – spürt, wann ich zur Landung ansetzen soll, er holt mich sanft vom Himmel, um fünf Uhr früh schlürft er meinen Orgasmus. Streichelt mich und bleibt vor mir hocken: »You will come back – you will come back...!« Lächelnd sagt er das und wissend. Mein Coming-out erkennt er, nicht ich, noch nicht.

Der blonde Boy paßt auf meine Klamotten auf und zeigt mir einen Wasserhahn gleich nebenan. Ich lasse ein paar Handvoll kaltes Wasser gegen meine Haut platschen. Diesen Jungen auf meiner Seite zu wissen, auch jetzt noch, in den Minuten danach. »You will come back!« – »Thank you! Bye!«

Der Heimweg ins Hotel wird denkbar einfach. Als ich unten auf der taghellen Straße stehe, ist mir klar, in dieser Gegend gibt es so früh am Morgen sowieso kein Taxi. Lagerhallen, Schrott, unbewohnte Häuser, kein Mensch weit und breit. Da hält ein Auto neben mir, ein Typ lächelt mich freundlich an und fragt, wohin ich will. Er fährt mich bis vors Hotel, quer durch New York. Auch er hat mich beobachtet da oben sklavennackt auf meinem Kanonenklo. Zum ersten Mal trau ich mich sowas, und die spielen alle mit! Bis auf den Swallow-Bullen, den kann ich leicht vergessen, ich hatte massig andere, hemmungslos auf mich runter. »Thank you!« Bin ich endlich in meiner Stadt?

Am nächsten Tag auf rosa Wolken. Kein Hauch von Ekel und Erschrecken, nur pralles Glück. Nach keiner noch so erfolgreichen Premiere am Theater habe ich ein so unbeirrtes Hochgefühl gehabt. Den ganzen Tag hält das an.

Am Abend sehe ich am Broadway »A Chorus Line«, fasziniert und zugleich entsetzt, wie dort Masochismus veredelt wird im Kampf ums Engagement. Sadistische Auswahl. Opfer, die alles geben.

Am Tag drauf sitze ich im Flugzeug zurück nach Europa. »... will come back! ... will come back!« Über den Wolken hämmert mir dieser Satz im Hirn. Was wäre, wenn ich in dieser Stadt lebte, was wäre nach einer solchen Nacht? Würde ich jeden Abend im »toilet« hocken, bis zum Morgen ohne Grauen? Piss ist keine Droge, Piss ist kein Blutrausch, wie die Psycho-Geier lehren, Piss ist die zärtlichste Demütigung, die ein Maso träumen kann, Piss von endlos vielen Kerlen. Werde ich jemals wieder etwas Vergleichbares erleben?

Es gab nur diese eine Nacht, ich war nie wieder in Amerika.

VIII

Meine dritte ›amour fou‹ – die letzte?

1979. Der inzwischen längst nicht mehr minderjährige Michael aus Münster hatte – nicht absichtslos – ein Abendessen arrangiert, zu dritt: »Gerald lädt uns ein, du wirst ihn mögen…« Wir saßen in einer gemütlichen Küche, Gerald hatte fast nichts vorbereitet, er kochte, deckte den Tisch, wir redeten, ich klebte an jeder Geste.

Er hätte der junge Franzose sein können. Weniger Matthias, dessen Gesicht war nicht so lebensoffen. Alle drei hatten sie bannend schöne, große Augen, den romanischen Kopf, Gerald dazu seinen schamlosen Mund, lachend gierig auf jeden Genuß. Er war schlanker als ich, fast gleich groß, mir körperlich überlegen, ein zierlicher David mit Lust an ruppigen Sportarten. Er verschwendete viel unnütze Energie an Körpertraining und sporadisches Jogging. Alle seine lebhaften Gesten waren muskelgespannt grazil, die italienischen, sprechenden Hände, ich sah diese Hände und wollte, daß sie sich musikalisch und magisch durch meine Haut tasteten. Ich wollte das sofort. Er auch?

Ein Zauderer. Einige Wochen trafen wir uns fast täglich. Ich liebte alles an ihm, alles. Auch den altbekannten Widerhaken: Er wollte nicht homosexuell sein. Na und? War er wie der junge Franzose, spielte jedes Spiel mit mir, bis ich zu sagen wagte: Ich liebe dich?

Nein. Wir waren keine unwissenden Kinder mehr. Ich hatte dazugelernt. Und auch Gerald wußte, was er tat. Er war verliebt in eine Frau, ebenso alt wie ich, leider verheiratet. Monatelang hatten sie heimlichen Sex, nein, mehr als Sex – aber würde sie für Gerald ihren Mann verlassen? Der war Arzt und versorgte sie gut.

Gerald hatte mal Musik studieren wollen, war schon bei der Aufnahmeprüfung gescheitert und jobbte jetzt in einer Studentenkneipe. Mit neunundzwanzig. Alle Mädchen hielten ihn für schwul. Das machte ihn wütend und traurig. Da sagte er sich: Okay, wenn's jetzt auch mit ihr nicht klappt, dann versuche ich's mit einem Typen. Der einzige überzeugende Typ, den er kannte, war ich. So erzählte er es mir.

Wußte Gerald von meinem Freizeit-Strich? Nein, aber ich klärte das sofort. Es interessierte ihn eher, als daß es ihn abschreckte. Nicht als Job für sich selbst, aber es war ihm angenehm, wenn ich sexuell ausgelastet war. Wollte er also keinen Sex zwischen uns, niemals?

Zunächst bot er mir berauschende Wochen zartester Annäherung. Ausgehen zum Essen, ins Kino, Spaziergänge und Gespräche endlos. Alles ganz normal unaufhaltsam, wie sich die Liebe so ihre Bahn flirtet. Er hatte eine romantische, winzige Wohnung, es war für mich wie Paris, über den Dächern von Düsseldorf. Zum Frühstück kam durchs offene Fenster die Nachbarkatze. Nicht Geralds Katze, er wollte sich nicht binden, nicht mal an ein Tier...

An einem Morgen war ich ein paar hundert Kilometer weit hergefahren, er hatte vor dem sonnigen Fenster unseren Frühstückstisch gedeckt, seine Lieblingskonfitüre gekauft, die sofort auch meine wurde, eine englische Himbeer-Konfitüre. Und er richtete mir ein Bad, weil ich so lange unterwegs gewesen war. Dann lag ich in seiner Badewanne, Kerzenlicht und Musik, und Gerald saß auf dem Rand, ganz normal, ließ seine Hand ins Wasser baumeln, berührte mich unter dem Schaum und streichelte mich. Stunden?

Aus seiner Kindheit erfuhr ich nur Fragmente. Er war Vollwaise, als Kind schon. Ein einziger Onkel lebte bis vor einigen Jahren, total verarmt lag er zuletzt in einem Vierbettzimmer, ein kultivierter, musikalischer Träumer auch er. Sollte Gerald so enden? Brauchte er nicht wenigstens mich, wenn schon keine Frau? Noch immer sprach er von ›ihr‹.

Ich hätte ihn mit jeder geteilt, mühelos. Warum nicht auch zu dritt in einem Bett? Gerald zeigte mir seinen Lieblingsfilm »Pourquoi pas?« Das Plakat hing in seiner Wohnung, noch ehe ich aufkreuzte. Ein heiterer Film über das Zusammenleben von zwei Männern und einer Frau. Natürlich in Frankreich.

Auch Gerald schwärmte von Paris. Paris! Es hätte für ihn auch Rom sein dürfen. Nur nicht Deutschland. Er kochte am liebsten italienisch, er kannte die echten kleinen italienischen Restaurants, er lebte alle Tage als ein Fest, nur keinen Alltag. Er machte mir Geschenke, aufwendig verpackt. Ich sah in den Schaufenstern nur noch Geschenke für ihn. Glückliche Tage. Auch ohne Sex?

Es würde dazu kommen, da war ich sicher. Ich konnte warten. Und wenn er so ungern schwul sein wollte, wenn er das brauchte, was die Frauen ihm zu bieten hatten, dann würde ich nicht wieder so dumm sein wie fünfundzwanzig Jahre zuvor. Ich hatte mein Loch, vielleicht nicht so toll wie eine Vagina, aber wenn er das brauchte, dann sollte er sich's nehmen. Darüber redete ich natürlich nicht mit ihm, ich wollte ihn ja nicht verschrecken. Aber für ihn ... alles.

Obwohl ich gerade eine Krampfphase hatte, diverse Komplikationen im Darm, blutende. Auch ohne Sex. Sobald mir etwas angst machte, etwa im Theater, gleich Blut im Klo. Und natürlich sofort zum Arzt, konnte ja nur Krebs sein. War gar nichts. Nur Krampf. Immerhin fragte ich den Proktologen, also einen, der Tag für Tag nur in Ärsche stierte: »Ist Analverkehr schädlich?« Der Doktor zuckte mit keiner Wimper. »Physiologisch spricht nichts dagegen.« Sagt der einfach so!

Und der Tag kam. Wieder ein ausgiebiges Bad in dieser Zauberwohnung, Kerzen, Musik, fernab von aller profanen Tagtäglichkeit, diesmal wir beide in der Wanne. Er saß mir gegenüber, streichelte unter Wasser meinen Schwanz, geilte mich auf. Dann lagen wir in seinem Bett. Wir hörten französische Chansons. Es wird passieren, heute wird er über mich herfallen, hoffentlich hat er eine Creme, nein, das wird er nicht wissen, die braucht er ja nicht bei Frauen, nicht mal Spucke braucht er da, soll er es doch ohne machen, ich beiß die Zähne zusammen, alles für ihn. Wir waren im Anflug, zwei noch parallele Flieger, die Landebahn in Sicht. Endlich. Jetzt. Da sah er mich an: »Fickst du mich?«

Fast war's eine Bruchlandung, ich mußte mich irre anstrengen. Und ein paar Tage später folgte beiläufig beim Frühstück sein Angebot: »Weißt du, ich steh da nicht so drauf, aber du kannst mich jederzeit ficken, wenn du das brauchst.«

Und »jederzeit« meinte er verdammt wörtlich, er kündigte sofort seine Wohnung. Ich hatte drei Zimmer, also eins für ihn. Er zog zu mir. Nachts kam er aus seiner Kneipe, duschte, trank seinen Assam-Tee – und kam zu mir ins Bett. Auch auf die ›Gefahr‹ hin, daß ich es brauchte...

Es sei denn, ich hatte Besuch, manchmal blieb ja auch einer über Nacht. Dann schlief Gerald in seinem eigenen Bett, aber morgens war er vor uns wach und deckte einen liebevollen Frühstückstisch für drei. Pourquoi pas!

Was fehlte mir noch?! War er nicht in allem ideal? Ich hatte Angst, eines Tages nach Hause zu kommen und einen Zettel zu finden... Aber es lag nie so ein Zettel da, immer nur einer mit Gruß und Kuß und: »Hab Dir was erfunden, steht im Herd.« Er wollte mich nicht verlassen. Und hielt mir seinen Hetero-Arsch hin, umsorgte mich rührend. Was wollte ich mehr?

Warum begehrte ich auch, was er nicht geben konnte? Warum war ich nicht souverän genug, ihn kommen und gehen zu lassen? Er wollte sich nicht binden. Er wollte mich auch nicht verlassen. Also?

Wir füllten gemeinsam Umzugsformulare für die Spedition aus. Ich ging nach Hamburg, der Termin war schon entschieden, bevor ich Gerald kennenlernte. Wieder mal Aufbruch, Abbruch. Ich hatte in Hamburg bereits eine traumschöne Wohnung im Alsterkamp, fünf Zimmer, über hundert Quadratmeter. Zum ersten Mal wartete kein sicheres Engagement, aber ich vertraute meinen Talenten. In Hamburg würden wir durchstarten, Gerald und ich, nach unserer Façon! Wessen Façon? Ich glaubte an mich, vorneweg an mich.

Zwei Wochen vor dem Umzug meinte Gerald: »Mir geht das alles zu schnell, fahr du erst mal vor, ich komme nach.« – »Und deine Sachen?« – »Stell sie in Hamburg im Keller unter, oder ich räume sie hier irgendwo hin, dann miete ich mir später einen kleinen Transporter...« Da war es also doch, sein Adieu, leichthin! Ich reagierte panisch.

Keiner da, um mir zu raten: Laß ihn. Es ist wirklich zu schnell für ihn. Er war nie weg aus seiner Stadt. Er hat sich noch nicht entschieden. Er wird sehen, ob er dich braucht. Wenn er dann kommt, zählt es umso mehr. Laß ihn.

Ich packte mit Pathos seine Kartons zu meinen. Sein Zimmer blieb leer. Und ich war verzweifelt. Obgleich unverhofft ein tolles Filmangebot kam, gerade als ich einsam und verlassen auf meinen eben abgestellten Möbeln hockte, verloren in Hamburg. Das Telefon klingelte irgendwo zwischen den Kisten: »Haben Sie Zeit für einen Film? Eine Hauptrolle!« Es war »Die Heimsuchung des Assistenten Jung«, eine Psycho-Studie. Das Hamburger Abendblatt überschrieb später eine Besprechung der ZDF-Ausstrahlung: »Seine Phantasie wird ihm zum Verhängnis.«

Telefon war in dieser Wohnung schon vom ersten Tag an installiert, weil vor mir für kurze Zeit Ralf darin wohnte. Eigentlich hatte *er* hier groß loslegen wollen, kriegte aber nach wenigen Monaten Angst vor der eigenen Courage. Er hatte einen betont bürgerlichen Freund kennengelernt, und ihm zuliebe zog er sich später ganz zurück. Sie leben noch heute zusammen.

Zwei Monate später stand Gerald vor der Tür: »Kann ich ein paar Tage bei dir schlafen? Ich hab nur hundert Mark in der Tasche.« Er hatte seinen Job geschmissen. Kurz vor Beginn meiner Dreharbeiten tauchte er plötzlich in Hamburg auf. »Du kannst bleiben, ich fliege übermorgen nach München. Deine Kartons stehen im Keller, wenn du willst, dein Zimmer ist noch leer...

Als ich nach vier Wochen zurückkam, hatte Gerald bereits Arbeit gefunden und konnte mich nicht vom Flughafen abholen. Aber in der Wohnung lagen Geschenke zur Begrüßung, überall Blumen, in der Küche Schlemmereien. Er hatte auch sein Zimmer eingeräumt. Die Tür stand offen, ich legte mich auf sein Bett. Der Raum, fast quadratisch, schwer einzurichten, ich kannte seine wenigen Möbel und Poster – ich lag auf dem Bett, ließ sein Zimmer auf mich wirken, in meiner Wohnung: Es hätte in keinem einzigen Detail angenehmer eingerichtet sein können. Es war Gerald, aber auch ich. Es war unsere Wohnung. Es blieb meine Panik.

Ich überredete ihn, eine Ausbildung in der Gastronomie zu beginnen, besorgte ihm die Stelle. Ich überredete ihn, eine Lebensversicherung abzuschließen, um die verlorenen Jahre seiner Kneipenjobs aufzuholen, damit er nicht endete wie sein Onkel, im Vierbettzimmer. Als wir uns trennten, kündigte Gerald als erstes diese Versicherung und ließ sich die angesparten anderthalbtausend Mark auszahlen...

Unsere Trennung begann – in Paris. Wir beide in Frankreich, endlich eine romantische Reise nach Paris. Er hatte dort eine frühere Freundin, ich hatte dort eine nicht gelebte Vergangenheit. Unsere Stadt.

Er zeigte mir seine Quartiers, darunter die Rue Saint-Denis, wo jeden Meter eine Nutte steht, ordinäre Strapse neben College-Girl, dezentes Kostüm neben grell getünchter Lady. Faszinierend. Wir gingen dort gaffend nebeneinander, er und ich. Keine Frau sprach uns an. Bis das Trottoir zu eng wurde, also ging er voraus, ich folgte. Da machten die Nutten mich an, ihn nicht. Erste Irritation. Die zweite war, daß seine alte Freundin inzwischen einen Freund hatte, uns zwar generös ihre Wohnung überließ, sich aber Gerald nicht heimlich und unverbindlich hingab, sondern treu blieb. Also lag Gerald allein mit mir in ihrer Wohnung, in ihrem Bett. Im Monat Mai, wir in Paris, Gerald auf dem Höhepunkt seines Frusts. Da endlich verführte ich ihn, mich zu bumsen. Es war das letzte Mal, daß er sich Sex mit mir erlaubte.

Jetzt war er in Panik. *Ich* durfte ihn vergewaltigen, das hatte er nicht zu verantworten. Aber *er* mich? In Hamburg begannen nun Höllenwochen. Ich zog alle Register meiner früh von Mama erlernten Terrortricks: Schweigen. Drohen. Versöhnen. Ausbrüche, Anklagen, allerlei Ohnmacht.

Ich suchte Rat bei Inge Meysel; das ließ unsere Freundschaft damals zu. Wir trafen uns in einem Restaurant, eine Stunde lang erzählte ich ihr von Gerald, schwärmte von seiner facettenreichen Persönlichkeit, den berauschenden Widersprüchen. Sie hörte geduldig zu. Und sagte schließlich: »Wenn du nicht nach Hause gehst und sofort ein neues Türschloß einbauen läßt, gibt es Mord und Totschlag.«

War die verrückt? Gerald doch nicht! Dieser grazile Sportler, Musiker! »Ich kenne solche Geschichten«, insistierte sie und nannte Namen. Kein Entrinnen? Ich versprach ihr: »In zwei Wochen.«

Noch am selben Tag machte ich Gerald ein Angebot: »Ich zahle dir drei Monate lang ein Pensionszimmer, bis du weißt, wohin du willst.« Er saß bleich im Sessel, und ich hörte ihn sagen: »Wenn du noch ein Wort weiterredest, dann prügel ich dich aus deiner eigenen Wohnung.« War Inge eine Hexe?

Abends weinte er: »Ich war in Panik!« Als er endlich auszog, lag ich zwei Wochen später im Krankenhaus, Hepatitis. Infiziert auf klassische Weise, in einer Sauna hatte ich mich besinnungslos durchknallen lassen, aus Frust. Da saß ich auf dem Sauna-Klo, drückte die Ficks wieder raus, mein Arsch blutete, und ich fühlte, es war was schiefgelaufen.

Noch mal davongekommen? Doch nichts dazugelernt seit dem jungen Franzosen? Wenn es so einfach wäre.

Gerald hatte nicht mit mir gespielt, er wollte nur nicht zulassen, daß auch ich ihn frustrierte. Mit einer Hepatitis käme ich heute nicht mehr davon, so billig nicht mehr.

Ralf und ich bekamen das Angebot, ein S/M-Studio zu mieten. Noch während ich im Alsterkamp um Gerald kämpfte. Steindamm, Nähe Hauptbahnhof, Sankt Georg, Hamburgs aggressivste Strichmeile, härter als die Reeperbahn. Mittendrin unser Studio – und um die Ecke, in der Kirchenallee, steht das Schauspielhaus.

Ich ›auf pervers‹? Nackte Ärsche peitschen? Ich wußte ja nicht mal, ob ich meinen Arm mit Peitsche überhaupt hochkriegte! Wirklich prügeln? Ich doch nicht! Dennoch war ich sofort entschlossen, das auszuprobieren – zuerst mal an mir selbst.

Es war für Ralf und mich keine Frage, daß wir wirkliche Gewalt verabscheuten, reale Folter ekelhaft fanden. Nicht aber solche Lüste! Unbekannte Menschen auf neuer Bühne. Neue Spiele. Machtgeile Täter kennenlernen und Opfer, die mit Wonne schmerzgequält sein wollten, ausgeliefert, gepeitscht, gefesselt, gedemütigt, entpersönlicht...

Ralf durfte das alles mit mir auf Probe. Geil fand ich jede Situation der Wehrlosigkeit, jede Demütigung und Entblößung – aber ich war vollkommen irritiert, daß mich *Schmerz* abrupt ernüchterte. Versagte ich als Maso?

Alle Versuche, meine Zimperlichkeit wegzutrainieren, mußten uns damals mißlingen. Was wußten wir beide am ersten Tag von den wirren Widersprüchen, daß Schmerz angenommen werden will, um sich in Lust zu lösen nicht nur auf hitziger Haut. Urzeitentiefe Reflexe werden freigeschmerzt, blitzhell, sogar als Feuerkette, immer in Gefahr, an sich selbst zu verglühen, frei schwebend, überm Tod ums Leben geschrien. Das sollten wir wissen, am ersten Tag?

Inzwischen habe ich Schmerz dazugelernt, geprobt wie

auch meine übrigen Talente. Dann und wann ein flüchtiger Erfolg.

Trotz meiner schmerzverstörten Selbstzweifel war mir auf Anhieb klar, daß ich alle Masos blind verstand. Daß mich nichts wirklich schocken würde, was immer die von mir wollten – *weil* sie es wollten. Ich fragte mich, bald nachdem die ›Praxis‹ am Steindamm eröffnet war, weshalb unsere Spiele nicht staatlich gefördert wurden, sondern noch immer geächtet waren.

Unfaßlich viele Leute schleppen aufgestaute Gewalt mit sich herum, manche müßten das aktiv rausballern, andere wenden es gegen sich selbst. Ihnen kann der aufgestaute Frust in Lust gedreht werden. Weiß der Teufel, weshalb Gott sowas erfunden hat, daß einer foltern will und ein anderer gefoltert werden muß, um einen knallgeilen Ständer zu kriegen – und einen lösenden Orgasmus. Ein uraltes Phänomen, es gibt dreieinhalbtausend Jahre alte Zeugnisse für erstaunlich raffinierte sadomasochistische Sex-Praktiken, zum Beispiel aus dem alten Babylon.

Wo bleiben die gestauten Aggressionen, wenn sie sich nicht in Lust lösen? Die wenigsten Lustverdränger werden auffällig, aber sie leben glücklos, gebremst in ihrer Liebe und auch in ihrer Arbeitskraft, erschreckend viele erkranken ersatzweise körperlich. Durch den Mangel an befreienden Spiel angeboten verrennt sich Lebensenergie, statt rechtzeitig freigesetzt zu werden von professionellen Helfern. Fähige Dominas und ›Dominos‹ sollten staatliche Lizenzen erhalten und – wie die Theater – subventioniert werden. Ebenso hilfreich sind die Hurensklaven und zum Kauf angebotenen Masos, sie schützen unfreiwillige Opfer vor entgleister Lust an Gewalt. Qualifizierte S/M-Profis könnten mehr nützen als mancherlei hoch geachtete ärztliche Quacksalberei und die Analytikercouch.

Ein Mann legte auf meine Prügelcouch sein Diktiergerät, ließ sich von mir Anketten und brutal auspeitschen – um seine Schreie auf Tonband zu haben!

Alles Liebesleid mit Gerald steigerte meine Lust an diesem wüsten Studio. Am heftigsten in der Woche, als mich Ralf dort Tag und Nacht wegsperren mußte. Gerald war allein in meiner großen Wohnung am Alsterkamp, ich nackt am Steindamm in schweren Ketten auf einer Pritsche, geil und getröstet.

Da lag ich auch, als ich telefonisch mit dem Theater in Bonn verhandelte. Die Nummer hatte Gerald ihnen weitergegeben, plötzlich war der Intendant am Apparat, und ich mußte aufpassen, daß nicht hörbar meine Ketten klirrten! Wir handelten einen sehr puff-freundlichen Vertrag aus, für jeweils elf Monate Gage mußte ich nur fünf Monate in Bonn sein, den Rest des Jahres frei fürs andere Leben (von dem sie natürlich nichts wußten). Ein Zweijahresvertrag, der zu solch günstigen Konditionen leider nicht verlängert wurde.

Gerald rief mich in dieser Sklaven-Woche mehrmals im Studio an und kam schließlich selbst dorthin. Er brachte zwei Töpfe mit und wärmte mir ein Essen. Streichelte mich, ich lag noch in meinen Ketten. Streichelte mich da raus. Wir gingen dann ins Kino, ins große Streit's Filmtheater am Jungfernstieg. Eine Woche lang nur die wohligwarme schwarze Höhle, eine Woche nur nackt in Ketten, ab und zu anderen Männern dienend – nun plötzlich dieser riesige schwarze Saal und Gerald neben mir. Wir sahen einen Film aus New York, über junge Menschen, die noch um jeden Preis zum Theater wollten: »Fame«. Ich durfte Geralds Hand halten. Um ihn war immer ein feiner Duft nach einem Herrenparfum, das es noch heute gibt. In meinem Körper entspanntes Erwachen wie nach einem steinschweren Traum. Friedlich schwebend, weit über mir selbst, auch hoch über meinen Ängsten und unserer aussichtslosen Liebe. Er war doch da. Er würde bleiben. Diese Woche in Ketten war nur ein anderer Film. Den wir gestern gesehen hatten.

Ich gab Gerald auf und nicht das Studio am Steindamm. Das schaffte ich auch ohne Ralf. Ich gab Gerald auf. Alle Lust, die ich an ihm hatte, ihn nur zu sehen, zu spüren, zu riechen, alle sinnliche Übereinstimmung in Alltäglichkeiten, in Musik und Atmosphäre und den Schwingungen miteinander, die keiner erlernen kann, warum mußte ich das ohne äußeren Zwang zerstören? Er wollte nicht gehen. Einmal hatte er mir eine Postkarte von einem Karussell in Paris geschenkt, das Rilke beschrieben hat mit dem Satz: »Und dann und wann ein weißer Elefant...« Dann und wann und nicht genug?

Es ist später Vormittag, ich bin allein im Studio am Steindamm. Als es klingelt, steht »Charles Bronson« an der Türe. Das schmale Lippenbärtchen, ein Mund aus Sinnlichkeit und gnadenloser Rache, Augen undurchschaubar verschmitzt und tödlich. Auch sein Schweigen. Er tritt ein, sitzt mir im Studio gegenüber und sagt nichts. Lächelt, wartet ab.

Das war's also, er ist der Typ, der mich killen wird, so mußte es ja enden. Warum am Steindamm, warum sitz ich in diesem Loch, Sankt Georg, das heilige Nuttenviertel, ein würdiger Ort für so'n eiskalten Killer. Laß ihn nicht aus den Augen, kehr dem nicht den Rücken zu. Und bring ihn gottverdammt zum Reden!

Mehr als eine halbe Stunde brauche ich, bis ich ihm die vage Andeutung entlocke, er könnte sich eventuell für gewisse – Frauenklamotten interessieren. Der Macho? Bin erleichtert, daß ich wenigstens ahne, was er hier sucht. In dem Studio hat früher eine Domina gearbeitet; was hier an Dessous und femininen Requisiten noch rumlag, haben Ralf und ich in einen Karton gepackt und unter die Pritsche geschoben. Sofort krame ich das Zeugs für ihn raus. Das lockt ihn aus seinem Sessel, er setzt sich neben mich auf die Pritsche. Spielen wir also sein Lied vom Tod!

In einer Mischung aus Ekel und Faszination stöbert er

mit spitzen Fingern durch den Frauenmüll. Eine Perücke wählt er aus, blondgraue Hausfrauenlöckchen, total zerzaust. Auch eine überlange Zigarettenspitze findet er, die gefällt ihm. Ich verfolge seine Bewegungen, angespannt, jede Sekunde kann er mich attackieren. Heizt sich an den verschwitzten Klamotten nur noch seinen Ekel auf und dann!

Aber nein, er behält die Zigarettenspitze, seine Rächerpranke kippt mit lockerem Handgelenk. Dann nimmt er ein Paar schwarze Nylons, die Spitze im Mundwinkel, zieht sie prüfend über die gespreizten Finger, fraulich fachkundig... Der Mörderkerl wandelt sich zur Lady. Immer wieder zögert er, fragt mich: »Gefällt dir das – oder sowas?« Er hat jetzt auch die Perücke auf dem Kopf, ungekämmte Woolworth-Krause, schief, uneitel, wie absichtslos. Charles Bronsons zerknittertes Rundgesicht als Frauenkopf mit Lippenbärtchen.

Aber das ist längst nicht, was er wirklich will. Seine Wandlung zur Frau vollzieht sich unendlich langsam. Ich gebe mir jede Mühe, ihn rücksichtsvoll zu ermutigen, bloß kein falsches Kompliment, das nimmt ihm sonst die Courage. In Wahrheit läßt er sich *meinetwegen* so viel Zeit! Nebenbei gibt er sich einen Namen. Er nennt sich *meine* Tante Josefine. Und was ihn erregt, ist: *mich* zu verführen! Der Mörder-Macho, das Pokerface, hat als geheimsten Wunsch, eine Tante zu sein, die ihren Neffen verführt, nicht mehr Neffe zu sein, sondern frivole Nichte. Beide ›lesbisch‹ und in gewagten Dessous.

Es dauert anderthalb Stunden, bis ich das kapiere. Erwünscht jungfräulich spiele ich den lesbischen Neffen – noch immer achtsam, der Onkeltante nicht den Rücken zuzukehren. Er könnte ja doch ein stinknormaler Nuttenkiller sein, anfangs irritiert, hier einen Kerl anzutreffen, also macht er mich erst mal zur Frau, desto gerechter kann er mich perverses Stück dann abmurksen...

Nein, nein, wie ungerecht von mir. Je mehr ich auf ihn eingehe, desto weicher wird er, zutraulich, zärtlich. Bin ich der erste Neffe, dem Tante Josefine sich anvertraut? Und den sie deshalb töten muß?

Ich liege in aufreizenden Dessous unter ihm auf dem Fußboden, er in hochhackigen Schuhen über mich gebeugt, ich sehe die schiefe Perücke, sogar die Zigarettenspitze hat er noch in der Hand, er berührt mich kaum, läßt auch mich seinen Schwanz nur betasten unterm schwarzen Damenslip. Sein Orgasmus kommt nebenbei, wie alles Wesentliche an ihm.

Wir sitzen wieder nebeneinander und führen diesen zähen Dialog zweier Schweiger, die sich innigst kennen. Er legt dies und jenes Teil ab, fast zuletzt die Perücke – wodurch urplötzlich wieder »Charles Bronson« zum Vorschein kommt, einsam lächelnd, eisig freundlich. Mit jedem abgelegten Requisit werden auch seine Gesten männlicher. Schließlich sitzt er mir gegenüber im Sessel, wie zu Beginn. Unverändert. Einsamer Rächer. Knallt er mich jetzt ab, von dort aus? Lächelnd mein Todfeind? Nein. Er hat mir etwas anvertraut, ich muß ihn nicht mehr fürchten. Obwohl ich vorsichtig bleibe, bis zur Türe. Er zögert. Und geht. Nach mehr als drei Stunden.

IX

In Hamburg steht das Schauspielhaus in Sankt Georg, und die Nutten flanieren unmittelbar neben dem Bühneneingang auf der Straße. Als ich in Sankt Georg das Studio hatte, wurde das Schauspielhaus gerade umgebaut und für zwei Jahre umquartiert ins alte Operettenhaus – auf der Reeperbahn. Nur wenige Häuser neben dem Club mit dem noblen Namen »Exquisit«. Das Theater gastierte an der Reeperbahn, ich trat auf in Sankt Georg. Dann wurde ich 1986 von Zadek ins renovierte Schauspielhaus nach Sankt Georg engagiert – da wohnte ich inzwischen an der Reeperbahn, seit Jahren.

Ich hatte die Wohnung am Alsterkamp und das Studio am Steindamm aufgegeben, weil ich zum ersten Mal mein eigenes S/M-Studio und meine Privatwohnung unter einem Dach haben wollte. Ich lebte nun auf den ersten Blick in einer banalen Zweizimmerwohnung, Küche, Bad, im Wohnzimmer ein wandhoher, viertüriger Spiegelschrank. Öffnete man eine bestimmte Tür, tat sich ein vergitterter Durchgang auf in ein schwarzes Studio. Nachtdunkle Sub-Welt, zu jeder Tageszeit. Ich konnte da drin aber auch, ratsch!, einen großen schwarzen Vorhang öffnen – und hatte das Studio taghell, mit Blick auf eine belebte Kreuzung. Dann war mein dunkelgeschützt gefesseltes, nacktes ›Opfer‹ urplötzlich der öffentlichen Straße präsentiert, für exhibitionistische Masos ein toller Effekt.

Die drei Jahre in dieser Wohnung zählen zu den glücklichsten meines Lebens, so oft ich dort ohne Theaterengagement war. Leider fiel ich immer mal wieder ins Salz meiner Schuldgefühle, die mir suggerierten, ich dürfe ›so‹ nicht enden. Ralf, selber bürgerlich geworden, fand es toll, wie ich lebte. Ich nahm mir alle Freiheiten, die meine Phantasien produzierten.

Es gab keine geregelten Zeiten. Spätabends konnte unerwartet Ansturm sein, auch in aller Herrgottsfrühe, nicht nur in den festgelegten Mittagspausen der Büros, für den schnellen Fick der brav verheirateten Biedermänner.

Ein halbwegs normaler Tag ließ mir Zeit für ein ruhiges Frühstück, ausgiebiges Bad, ein, zwei Pornos zum Aufmuntern. Gern auch Sex-Korrespondenz, immer auf der Suche nach dem idealen Mitspieler. Ständig Telefonate, bekannte Stimmen, Freunde, Fremde, Ficker am liebsten.

Peinlich achtete ich darauf, daß nichts in der Wohnung benutzt wirkte, auch zwischen zwei Besuchern wurde immer alles auf Null aufgeräumt, wie im richtigen Theater. Alle notwendigen Requisiten griffbereit, kein Spiel durfte als Wiederholung zu erkennen sein. Jeder Mann war der erste dieses Tages.

Soweit sich das regeln ließ. Manchmal blieb einer viel länger als üblich, ein anderer war schon bestellt. Es durfte möglichst keine Wartezeiten geben, keine desillusionierenden Erklärungen: »Entschuldige bitte, ich stecke grad noch in einem intensiven Gespräch.« Nackt...! Allerdings fiel mir in solchen Fällen immer was Aufmunterndes ein, am liebsten entwickelte ich aus der Not neue Spiele. Wenn zwei Besucher zugleich in der Wohnung waren und ich ihre sexuellen Vorlieben kannte, ließen sich unverhoffte Variationen erfinden. Dreist war, als ich im Studio einen ›Freier‹ animierte, einen anderen zu fikken, und dann mit einem dritten im Schlafzimmer kuschelte. Sowas war selten, aber erfrischend. Und half über die Leerzeiten hinweg. Es konnte passieren, daß mich morgens sehr früh ›Kundschaft‹ aufgegeilt hatte, und das war's dann für den Rest des Tages. Genausogut konnte ich sehr spät am Abend frustriert und todmüde vor der Glotze hängen, nichts gewesen den nackten langen Tag – und plötzlich flatterten noch zwei, drei Nachtvögel herein.

Das hatte eine extrem isolierende Wirkung. Mal eben Freunde in der Stadt treffen, auf einen Kaffee? Und wenn gerade dann...? Privaten Besuch ließ ich nur zu, wenn ich dafür keinen Sex absagen mußte. Auch deshalb wünschte ich mir einen Freund, der mit im Spiel sein sollte – wer sonst würde sich das bieten lassen?

Einmal war meine Mutter zum Kaffee angesagt, sie besuchte Henning in Blankenese, kam per S-Bahn nachmittags zur Reeperbahn. Ich stand früh auf, kaufte ihr koffeinfreien Kaffee, Kaffeesahne, Schlagsahne, Kuchen und Rosen. Es sollte alles für den Nachmittag im Haus sein.

Bis halb zwölf tat sich nichts. Dann kam ein Neuer, zum ersten Mal überhaupt bei einem Callboy, verheiratet, Anfang vierzig, Streichelsex und viel zu schneller Orgasmus. Als ich gemütlich mit ihm nachredete – es konnte ja durchaus sein, daß er zweimal wollte, was ich akzeptiert hätte –, klingelte unangemeldet ein heikler Opa. Sehr alt und spinnert, ich kannte ihn. Mit dem konnte es knapp werden bis fünfzehn Uhr.

Also dem Alten anheizende Pornos eingelegt, im Wohnzimmer; den Neuen im Schlafzimmer wie erwartet zum zweiten Orgasmus gestreichelt, danach hatte er es selber eilig und ging. Kaum lag der angeregte Opa im Bett, klingelte es wieder. Ein *geiler* Kurzhaartyp, Mitte zwanzig, auch neu, aber nicht im Männersex. Im Gegenteil, wir waren zu einer ausgiebigen Session im schwarzen Studio verabredet – das hatte ich völlig vergessen, Mama war ja angesagt zum Kaffee, die Ahnungslose.

Also wieder Video einlegen im Wohnzimmer, einen S/M-Porno diesmal, auch die Spiegeltüre zum Studio schon mal offen, damit der junge Kerl weiß, was hier real gespielt werden kann. Wenn ich nur erst den Opa... Dessen hibbeliger Ständer war inzwischen längst abgeschlafft.

Dem jungen Mann einen Whisky, dem Opa heiß geschildert, was da nebenan für ein geiler Typ... Das regte ihn wieder hoch. Aber nicht genug für den Orgasmus. Was tun?

Zurück zum begehrenswerten Jüngeren, mit ihm zum Sling. Als er nackt und gefesselt in den Ketten schaukelt, willig angeturnt, frage ich ihn, ob es ihn anmacht, wenn ein Fremder uns ›heimlich‹ beobachtet. »Der aus dem Schlafzimmer?« – »Ja.« – »Laß ihn doch mitmachen!« – »Nein.« Aber sollen wir ihn durch den Türspalt zuschauen lassen? Ich organisiere das: Es macht mich selbst an. Ich ficke und sehe den Opa wichsend hinter der Tür. Verabschiede ihn dann. Es ist zwei Uhr vorbei.

Endlich allein mit dem Jungen, der will jetzt erst richtig loslegen. Penetrantes Poppers (hab ich nie gemocht) und natürlich Pisse, was sonst, ich muß ja auch nicht um fünfzehn Uhr die Mama von der S-Bahn holen, verloren auf der Reeperbahn, die Ärmste.

Schließlich bleiben mir zwanzig Minuten, um die Pisse aufzuwischen, alle Fenster aufzureißen, den Tisch zu dekken, Sahne zu schlagen, Servietten zu falten, Kerze an, die Blumen. Als Mama die Wohnung betritt, duftet es nach Kaffee. Sie sagt: »Es ist ja alles so aufgeräumt, warst du den ganzen Tag allein?«

Das mag ich gern, zurücksehen und nachfühlen. Alles ›Normale‹ mußte ich immer spielen, von Kind an. Auch am Theater blieb es fast immer fremdes Spiel, Form, Rolle, Regisseure. Die erregendsten Spiele, Theater oder Leben, sind hautnah nichtgespielt. Fast nicht gespielt. Nicht für andere und auch nicht für mich selbst. Lebenswerte Momente...

An einem normalen Werktagsabend fuhr ich nackt ins Hamburger »Chaps«, Sklavenkelle um den Hals, an der Theke ein Bier bestellt. »Aber nur, wenn du nach hinten gehst!«

Hinten war ein Billardzimmer, der Tisch von tiefhängenden Lampen grell erleuchtet, oben in einer Ecke bumste ein Pornovideo vor sich hin. Ich legte mich aufs einladende Billardgrün, den Kopf zu den Fickern, meine Hand am Schwanz, die wärmenden Lampen über mir. Nie zuvor hatte ich Scheinwerfer so angenehm gespürt. Zwanzig Minuten lag ich so, bis zum Orgasmus. Mit nachwippendem Schwanz verließ ich die Bar, fuhr alleine nach Hause, sehr zufrieden. Das war Theater. Und doch wieder nicht.

Welche Entwicklung seit der Ängstlichkeit früherer Jahre! An meinem zweiunddreißigsten Geburtstag, dem letzten vor meinem Debüt als Callboy, saß ich am Tisch, um mich herum nur Freunde, ich hatte das Haus auf dem Land, das schöne alte Bauernhaus, beruflich war ich am Ziel zehn Jahre alter Wünsche, ich hatte Klaus, der mich liebte und brauchte, eine kleine Katze auf dem Schoß, die mich auch brauchte, weil sie krank war, Geburtstag, Haus, Freunde, Erfolg und draußen Sommersonne, ich saß am Tisch, die Katze schlief auf meinem Schoß, alle Freunde waren nett und fröhlich. Da stand ich auf, das Kätzchen im Arm, ging die Wiese rauf, als wollte ich mir die Beine vertreten in der milden Sommerluft, von dort oben konnte man zum Haus runterschauen. Ich ging dorthin, um zu sehen, ob das Dach brannte!

Es konnte einfach nicht sein, daß in meinem Leben so viel normales Glück gelang. Es mußte jeden Augenblick ein Strafgericht meine Idylle stören. Nackt auf dem Billardtisch interessierte mich kein Strafgericht.

Wirklich zu Hause fühlte ich mich in meinem Bordell an der Reeperbahn. Nicht im Treppenhaus, das war versaut, und manchmal hatte irgendwer da hingeschissen. Da mußte ich durch. Ganz oben lag ungestört meine Wohnung, hautwarm beheizt, ich konnte zu jeder Jahreszeit nackt sein, Nacht und Tag, ich konnte in Ketten zur Tür gehen, ganz egal, wer klingelte: Ich war hier zu Hause, wem das nicht paßte, der konnte draußen bleiben.

Einen jungen Mann von RENTOKIL empfing ich nackt; er war bestellt als Kakerlaken-Killer. Sonniger Frühstücksmorgen, er, hetero, fremd, aber nicht befremdet, ließ sich zum Kaffee einladen. Unbefangenes Plauderstündchen.

Als ich in diese Wohnung zog, verbot ich fast allen, die ich kannte, und natürlich auch meiner Mutter, ein halbes Jahr lang, mich anzurufen. Am cleversten reagierte die Meysel. Sie rief trotzdem an und sagte nur einen Satz: »Wenn du wieder klar bist, meldest du dich.« Aufgelegt.

Ich reduzierte mein Adreßbuch auf weniger als ein Drittel. Wachte morgens auf und mußte nicht aus der Wohnung, wochenlang. Ich hatte meine getreue Ilse, die mir zweimal pro Woche ›aufwartete‹, notwendige Einkäufe, hausfrauliches Blitzblank. Sie war mir von Ralf vermittelt worden, schlug sich durch auf der Flucht vor einem Kredithai. Zehn Jahre hatte sie ohne Papiere gejobbt. In gemeinsamem Behördenmarathon regelten wir das, Ilse erhielt eine kleine Wohnung, eine minimale Rente und wußte seither, daß ich kein nackter Irrer war. Sie akzeptierte mich immer, in Ketten wie im Smoking. Sie lachte noch in der schrillsten Not und vergaß meistens, die Hand dabei vor ihre Zahnlücken zu halten. Einmal lud ich das putzmuntere Golden Girl ins Theater ein, als ich Shakespeare spielte – Ilse gestand mir: »Ich bin eingeschlafen, es war nicht sehr lustig.«

Manchmal mußte ich natürlich doch auf die Straße, auch im Winter, und hatte keine Lust auf den netten, angezogenen Typen. Also ging ich nur in Shorts raus, bei jedem Wetter, oder im Overall, barfuß und seitlich an den Hüften die Reißverschlüsse offen, daß jeder meine Haut darunter sehen konnte.

Trotz der Nähe zur Reeperbahn traute ich mich nicht vom ersten Tag an so frech aus dem Haus. Es stand in einer Nebenstraße zur sündigen Meile, vor meiner Wohnung dröhnte der Verkehr über eine mehrspurige Kreuzung. Den ersten Ausbruch wagte ich an einem Winterabend, weit nach Mitternacht. Ich lag sklavennackt auf dem Sofa und döste in die Glotze. Am Fenster sah ich dicke Schneeflocken und schaute zur Straße runter: zehn Zentimeter hoch unberührter Neuschnee, die Luft voll weißer Daunenfedern, kein Auto. »Du gehst jetzt durch den Schnee!« Idiotisch, sowas konnte nur mit einer Lungenentzündung enden, bestenfalls in einer Zelle auf dem Polizeirevier. Na, noch geiler! Also, ich stapfte durch den knöchelhohen Schnee. Pieksend schmolzen die Flocken auf meiner Haut, ich sah hinter mir die tiefen Spuren der nackten Füße, quer über die riesige Kreuzung, endlos die menschenleere Straße lang, die Stadt wie im Dornröschenschlaf, ich wieder der nackte Prinz und zitterte nicht und konnte es nicht fassen. Als ich mich ins Bett kuschelte, war mir klar, das gäbe ein böses Erwachen, erkältet, krank für Wochen. Aber nichts davon: Gesund und beschwingt wachte ich am frühen Morgen auf.

So ermutigt, konnte ich im folgenden Sommer zahllose Gelegenheiten nützen, mein Nest zu federfreien Flügen zu verlassen. Nackt nur spätabends, ich wollte nie Kindern begegnen. Am Tage im minimalen Outfit, deutlich als Maso. Selbst in Cap d'Agde, wo alle nackt sein durften, hatte ich meine grobe Kette um den Hals. Im Oktober, als in Hamburg die Passanten schon Mäntel trugen, ging ich in blauer Turnhose mit der Kette zur Post. Barfuß sowieso. In der Hand Briefe und Pornofotos von mir, die ich fotokopieren wollte, ehe ich sie verschickte. Falls mich nicht unterwegs irgendwelche Irrenwärter oder empörte Passanten einfingen.

Unterwegs sprach mich eine Frau im biederen Mantel an, ob ich ihr sagen könne, wie spät es sei. Ich hatte keine Uhr am nackten Arm, aber in Sichtweite stand eine öffentliche Uhr, die ich ihr zeigte. Sie lachte nur über ihre Tüdeligkeit. Ich ging weiter zur Post, dort stand der Kopierer diskret in der Nebenhalle für Pakete und Päckchen. Die zwei Beamten kannten mich schon, »die gucken schon gar nicht mehr hin«, wie die Abonnenten im Schauspielhaus.

Ich hatte reichlich Pornopost zu kopieren – und sah mit

halbem Auge zwei alte Damen die Halle betreten, an der Tür standen sie wie angewurzelt, die eine bedrohlich mit Stock, und starrten zu mir rüber. Ich war überzeugt, sie würden loskeifen, die Mütter. Aber noch kamen sie nur stumm quer durch die Halle auf mich zu. Ich fühlte mich unbehaglich in meinen blauen Boxer-Shorts, barfuß, fast nackt im Oktober. Die Damen dagegen adrett und diszipliniert, das gediegene Hamburg. Gut einen Meter entfernt standen sie und schauten mir zu, bis ich verunsichert aufsah. Sie lächelten, und eine fragte schüchtern: »Wie funktioniert denn das Gerät?« – »Möchten Sie mal?« – »Ja, den Brief hier.« – »Ich zeig's Ihnen. Da das Geld rein, sechzig Pfennig in Groschen...« Es dauerte, bis sie das beisammen hatten. »Ja, alle auf einmal, und jetzt das Blatt hier drunter, den grünen Knopf – warten – dann das Blatt wenden – drücken – und da kommen schon Ihre Kopien.« – »Nein, wie schnell sowas geht!« – »Nicht das Original vergessen!« Da lachten auch sie über ihre Tüdeligkeit, bedankten sich strahlend – und kein weiteres Wort. War ich verrückt, oder die auch nicht? Für sie zählte, daß ich ein netter Mensch war, Sklaven kannten sie sowieso keine.

In den fünfziger, sechziger Jahren, als ich meine anarchischen Straßengelüste hätte ausleben sollen, in den verfluchten fünfziger Jahren wäre meine oktobernackte Haut bös aufgefallen, es hätte einen Aufstand gegeben und Geschimpfe und Polizei. Bahnbrechend waren die Punks in den Siebzigern. Die ersten Fotos von Londoner Punks habe ich angestarrt wie fernste Visionen aus meinem Kindheits-Slum. Diese offene Verherrlichung von Häßlichkeit. Leider nur halb nackt, aber kaputt, klobig, in Fetzen. Ihr Punker seid die streitbaren Engel, die mir den Weg freigehauen haben. Als endlich ich in Ketten und zerfetztem Overall auf der Straße rumlief oder fast nackt in Leder, das Haar adrett und die Füße immer sauber, nie einer von euch, immer barfuß als Prinz, da hattet ihr diese Freiheit erkämpft. Ich konnte noch so dreist rumrennen, die Leute hatten schon grellere Typen gesehen.

Wenn ich wählen sollte: wirklicher Prinz und Star, immer korrekt gekleidet auf einem Tablett, oder ich selbst, mit sauberen nackten Füßen, sklavenpunkig da und dort hinspazierend und zu Hause durchweg nackt, die Türe offen für jeden Ficker – wenn ich wirklich wählen dürfte, warum dann den dressierten Star-Affen? Sind Punks keine Prinzen? Dem Punker fehlt nur die Apanage. Für die der Prinz teuer bezahlt.

Mir haben die Ficker und Väter meine Freiheit gesichert. Ruhig war ich damit nicht. Straßenspiele am hellen Tag und mutiger nachts, aber immer mit der Idee, zugegeben, daß einer mich so sieht und sagt: »Gehn wir zusammen!« Nachts mit ihm umarmt in meinem Bett liegen, Haut an Haut schlafen und spielen am Tag. Herr und Sklave, er bietet mich an zum Verkauf. Oder wir sind beide Sklaven und erfinden uns einen HERREN, dem wir gehorchen. Mönche, mit Glatzen wie Hare-Krishna-Jünger. Zofen des Monsieur Genet.

»Hast du Zeit?«

»Wann?«

»Heute am späten Abend. Ich will anonymen Sex.«

»Was heißt das genau?«

»Ich komme im Motorraddreß, Sturzhelm auf, Visier runter. Du sollst mein Gesicht nicht sehen, während der ganzen Nummer nicht. Und du sollst mich geil machen, aber ohne Orgasmus. Verstanden? Mein Gesicht bleibt anonym – und kein Orgasmus!«

»Was macht dich geil?«

»Folter. Verhöre und Folter. Ich bin Mitglied von amnesty international, die schicken mir regelmäßig ihre Hefte mit Berichten, da sind oft irre Folterungen drin beschrieben.«

Eine ekelhafte Sau, der Typ. Außerdem ist heute der

letzte Tag vor meinen Sommerferien, ich bin müde und ausgepowert. Und diesen Gag mit amnesty find ich absolut nicht geil!

»Ruf mich heute abend noch mal an, ich weiß nicht, ob ich da bin.«

»Okay, ich ruf gegen halb elf wieder an.«

Das ist sowieso ein Spinner, kann ich vergessen! Aber abends ruft er pünktlich an. Ich will nur noch ab in den Süden, war eine Menge los heute. Warum soll ich mir am letzten Abend diesen amnesty-Idioten aufs Kreuz laden? Er will unbedingt seinen anonymen Sex...

»Ruf mich in einer halben Stunde noch mal an.«

»Warum?«

»Weil ich mir was ausdenken muß für deine anonyme Nummer!«

Vielleicht gibt er ja auf. Nein, er ist hartnäckig, mittlerweile ist es elf.

»Also gut! Du kommst rauf in die vierte Etage, meine Wohnungstür ist offen. Du gehst geradeaus ins Wohnzimmer und dort rechts durch einen Spiegelschrank ins Studio. Da steht ein Stuhl mit dem Rücken zur Tür, du setzt dich und hältst die Arme hinterm Stuhl zusammen.«

Als er wie vereinbart kommt, stehe ich im verdunkelten Schlafzimmer und beobachte ihn durch den Türschlitz. Er sieht aus wie ein Marsmensch. Schwarzer Helm mit geschlossenem Visier, total in Leder, Handschuhe. Ich erkenne ihn nur als schwarze Silhouette, die Wohnung ist fast dunkel, im Studio brennt eine Verhörlampe. Er sitzt gehorsam auf dem Stuhl und sieht, als ich das Zimmer betrete, vom Licht gegen die Wand geworfen meinen überdimensionierten Schatten. Ich bin auch in Leder und trage für ihn eine Uniformmütze, stehe als übermächtiger Bulle hinter ihm. Und warte. Er bewegt sich nicht, die Arme hängen rückwärts über der Stuhllehne. Ich lege ihm Handschellen an, fixiere sie an einer Kette, die ziehe ich ihm um den Hals und von dort den Rücken herab unterm Stuhl durch um die Fußgelenke. Wenn er die angewinkelten Arme oder Beine streckt, stranguliert er sich selbst. Er ist jetzt wehrlos.

Ich stehe hinter ihm und nehme ihm den Helm ab. Sehe nicht sein Gesicht dabei und er auch nicht meins. Dann setze ich ihm eine Maske auf, die ein Loch für Nase und Mund freiläßt, keine Augen. Jetzt kann ich mich vor ihm bewegen, weil er blind ist und sein Gesicht anonym unter der Maske. Das Verhör kann beginnen.

Er hat einen mächtigen Schwanz, der ihm aus der linken Hosentasche quillt, die innen kaputt ist. Er hat einen knochenharten Ständer. Also läuft es gut für ihn. Dann wird's auch für mich keine schwierige Tour...

Das Verhör ist zunächst mühelos. Ich bin der verhaßte Bulle. Ihn beschuldige ich, einem Drogenring anzugehören, er soll Namen nennen. Das steigert seinen Haß, so heftig, daß ich erstmals stutze. »Ich laß keine Demo aus, nichts ist geiler als Pflastersteine, die gegen Bullenschädel klatschen!« Wir brauchen keine Viertelstunde, bis wir Todfeinde sind. Ich drohe ihm an, daß er hier nicht lebend rauskommt, wenn er keine Namen nennt.

»Das traust du dich nicht, Bulle!«

»Wieso? Das hier ist 'ne private Wohnung, deine Spuren sind schnell verwischt, da sind wir perfekt!«

»Ich hab deine Adresse hinterlegt!«

»Lachhaft! Morgen wohnen hier total biedere Leute, keine Spur von dir, du Gangsterarsch! Von dir bleibt nichts!«

Aber da dämmert mir schon, daß die Geschichte für mich verdammt ins Gegenteil kippen könnte. Der ist anonym in meiner Wohnung, mit Sturzhelm und Handschuhen, der legt *mich* um, nicht mich, den Callboy, sondern mich, das Bullenschwein! Und von ihm bleibt tatsächlich keine Spur, ich liege als Leiche in meiner dunklen Wohnung, er zieht, behandschuht, die Tür von außen zu, keine Spur führt zu ihm. Anonym! Jetzt begreife ich, was die Nummer soll. Ich bin in seine Falle getappt, spiele ihm den Bullen und heize seinen Haß auf, mache ihn geil »ohne

Orgasmus«! Damit er mich voller Wonne metzeln kann. Meine Leiche wird man erst nach Wochen finden, weil ich doch morgen in den Süden fliegen wollte... Bis dahin ist der anonyme Mörder bequem in Sicherheit.

Ich habe nur eine Chance, ich muß ihn entschärfen, ich muß die Verabredung brechen und ihn zum Orgasmus bringen. Das wird ihm den Druck aus dem haßprallen Hirn pusten! Und bei dem Ständer schaffe ich seinen Orgasmus doch mit links. Kann sich ja nicht wehren, der anonyme Mörder! Natürlich erkennt er sofort meine Absicht. Ich reiße ihm die Hose auf, habe alle Mühe, seinen sperrigen Ständer aus dem Taschenloch rauszubiegen. Er flucht, beschimpft mich jetzt als schwulen Bullen. Fluch du nur, dich hab ich gleich.

Aber ich schaff es nicht! Trotz seiner Dauerlatte, knüppelhart. Der spritzt ums Verrecken nicht. Für hartnäckige Verweigerer habe ich eine Menge Tricks parat, von Wichs-Öl bis zu einem verschärften Massagegerät, das aus dem schlaffsten Schwanz die letzten Tropfen rauswibbert. Es sollte doch mit dem Teufel zugehen, wenn ich diese Latte nicht entschärfte! Der Typ zappelt und flucht immer aggressiver und stranguliert sich fast. Blockiert er über seinen Haß den Orgasmus? Gegen mich, das perverse Bullenschwein.

Unser Spiel steigert sich seit anderthalb Stunden unaufhörlich, ich habe keine Kraft mehr. Nacht, totale Stille um uns, die Verhörlampe, ich allein mit ihm.

»Paß auf, ich geh jetzt nach nebenan und schalte eine Musik ein, nur einen Song. Solange der läuft, hast du die letzte Chance, mir Namen zu nennen. Das Ende der Musik ist auch Finish für dich, klar! Dann leg ich dich um.«

Wozu treibt mich der Kerl? Oder meine Müdigkeit? Ich denke nicht mehr klar, ich will nur heil hier raus. Der Kerl ist wehrlos, blind unter seiner Ledermaske, bis zum Irrsinn aufgegeilt. Und ich Idiot spiele ihm die Rolle, in die er mich gelockt hat, ich drohe ihm an, daß ich ihn killen werde! Und wenn nicht?

Ich gehe ins Nebenzimmer und suche Musik aus. Statt die Zeit für eine Pause zu nutzen, statt cool nachzudenken. Oder einfach abzuhauen. Hilfe holen. Wer soll mir helfen...? Aber ich will gar keine Hilfe, ich will gar nicht raus aus seinem Spiel, ich hab noch Lust an meiner Bullenmacht! Und ich lege eine infernalische Platte auf, einen Gospel, »Oh Happy Day«.

Zurück ins schwarze Zimmer. Die Musik donnert durchs totenstille Haus, schwillt an in Schüben, treibt uns. Ich habe meine Hand an seinem Hals, von der Kelle schon angewürgt. Und spüre, aus Müdigkeit, aus Verführung, aus ungelebtem Machtrausch zum ersten und einzigen Mal die Idee: Warum nicht zudrücken, einmal wirklich zudrücken, warum nicht heute nacht, warum nicht ein einziges Mal, den, der mich so haßt, der mich killen wird, wenn nicht ich ihn...? Musik brüllt durch die Nacht, meine Hand an seiner nackten Kehle, er ist still, kann sich nicht mehr wehren. Angstgestreckt sein Hals jetzt. Nennt auch keine Namen, hat stur seinen Ständer, seit anderthalb Stunden, so hart wie sein Schädel, so brutal wie seine Wut auf mich. Warum nicht zudrücken? Ich kenn ihn doch nicht, keiner kennt ihn, ich schaffe die Leiche hier raus, noch in dieser Nacht, keine Spur von ihm zu mir, ich drück dir den Hals ab, du Schwein!

Bin ich wirklich an der Grenze zur Mordlust? Den Hauch der Verführung spüre ich, schon das erschreckt mich. Auch das ist mir vertraut vom Theater. Dort spielst du dich hauchnah an den Tod heran und bleibst doch klar im Kopf.

Der Gospel dröhnt, furios gesteigertes Finale und Stille. Meine Hand nicht mehr an seinem Hals. Ich habe versagt.

Er sitzt, wehrlos noch immer, aber er hat sich nicht brechen lassen, und sein Schwanz ragt prall und hart aus der offenen Hose. Löse ich jetzt die Kette, zerfetzt der Typ mich. Perfekt aufgegeilt hab ich meinen Mörder. Schließe ich die Handschellen auf, packt er mich!

Erst jetzt, in aussichtsloser Lage, arbeitet mein Hirn

wieder cool und vernünftig. Ich stopfe ihm den Ständer in die Hose, das signalisiert ihm meinen Rückzug, er schnaubt durchs lederne Maskenloch und wittert Sieg, lauert nur, daß die Kette fällt...

»Hör zu, ich sag dir jetzt, was wirklich läuft hier. Wir wollten dich testen, ob du dichthältst. Ich gehöre auch zur Organisation, und wir sind stolz auf dich. Sowas packt nicht jeder wie du, prima, wir wissen jetzt, daß wir dir vertrauen können.«

Ich klopfe ihm auf die Schulter. Er reagiert sauer, will diese Wendung nicht: »Saublöder Trick von dir, Scheißbulle!«

»Den Bullen kannst du vergessen, wir sind im selben Verein, du und ich.«

Es dauert gut eine Viertelstunde, bis ich seinen Haß auf Null habe. Falls ich den nicht genauso falsch einschätze wie seine Knüppellatte. Die hat er immer noch, deutlich zu erkennen unterm Leder, aber ich stelle mich wieder hinter ihn, nehme ihm die Maske ab, setze ihm den Helm auf, korrekt halte ich meine Zusage ein, daß ich sein Gesicht nicht sehe. Und währenddessen rede ich weiter auf ihn ein, von Kumpel zu Kumpel, und löse die Kette an den Fußgelenken, befreie den Hals. Die Arme seit zwei Stunden hinter seinem Rücken angewinkelt, gefesselt und leicht angehoben, er dürfte Mühe haben, sie sofort mit voller Kraft einzusetzen. Also Tempo!

Ich packe ihn und schiebe ihn zur Tür. Die Handschellen hinter seinem Rücken noch geschlossen, deshalb wehrt er sich kraftlos, auch die Fußgelenke sind verkrampft vom langen Sitzen an der Kette.

Ich stoße ihn durch den Flur zur Wohnungstür, habe den Schlüssel für die Handschellen parat. Draußen ist ein Laubengang, eine Art offener Korridor, vierte Etage, zum Hof hin nur ein Geländer. Ich drücke ihn dagegen, er starrt runter in den dunklen Hof, ich öffne die erste Handschelle. Der gefährlichste Moment, jetzt hat er ein Handgelenk frei, jetzt könnte er sich umdrehen und mich pakken, ich gebe ihm einen Schubs nach vorn, er muß sich mit der freien Hand am Geländer festhalten, ich schließe die andere Schelle blitzschnell auf, noch ein Stoß, daß er fast übers Geländer kippt, ich mit einem Satz zurück und schmeiße von innen die Tür zu. Er ist raus!

Erschöpft gehe ich ins Zimmer, lasse mich aufs Sofa fallen. Stille. Nacht. Nur die Verhörlampe im schwarzen Zimmer nebenan. Plötzlich dumpfe Schläge gegen meine Tür. Wieder und wieder. Tritte. Lauter und lauter.

Ich stehe auf und gehe in die Küche. Sie hat ein vorsorglich vergittertes Fenster zum Laubengang, gleich neben der Wohnungstür. Vollmondhimmel. Ich sehe den Typen gegen meine Türe bollern.

»Hau ab! Verschwinde!«

Er läßt von der Tür ab, kommt zum Fenster. Hinter ihm der Mond, vor ihm das Gitter, schwarzer Marsmensch mit Helm, seine Lederpranke greift zwischen den Gitterstäben durch, drückt gegen die Scheibe. Hinterm dunklen Visier hervor dumpf seine Stimme:

»Ich will in deine Zelle! Laß mich in deine Zelle!«

»Hau ab!«

Ich kann nicht mehr. Soll er die Scheibe eindrücken, soll er die Tür einschlagen, ich will nicht mehr. Ich gehe zurück ins Zimmer, setze mich aufs Sofa. Soll er seine Polit-Rocker alarmieren, sollen sie kommen und sich rächen, mir egal. Ich schlafe im Sitzen ein, auf dem Sofa. Und werde geweckt vom Telefon, das vor mir auf dem Boden steht. Im Reflex, noch gar nicht wach, greife ich nach dem Hörer. Nie gehe ich nachts ans Telefon. Es ist der anonyme Marsmensch:

»Ich wollte mich nur bedanken. Es war die geilste Nacht meines Lebens!«

X

1986, an Zadeks Deutschem Schauspielhaus in Hamburg: Meine erste Rolle spielte ich in »Edmond«, einem Stück von David Mamet, das von einem Mann erzählt, der in New York eines Tages seine Frau verläßt und nach einigen Bar- und Bordellbesuchen ein Callgirl ermordet, dann im Knast landet, dort von einem Mithäftling zum Sex gezwungen wird und zu der Erkenntnis kommt – etwas salopp interpretiert –, daß er nun endlich ein freier Mensch ist.

Für die Schauspieler bedeutete das, sie mußten Nutten und Schläger und Gosse spielen. Wenn ich abends zur Vorstellung kam, traf ich auf Kolleginnen in Strapsen und hörte über den Lautsprecher in der Garderobe, »Hast du was dagegen, wenn ich einen Gummi benutze?«, Gefeilsche um Dollars für Sex, »ficken« und »blasen« und das übrige Gestöhne. Das endlose Geschrei, wenn Edmond das Mädchen abmurkst. Danach in der Gefängniszelle: »Nimm meinen Schwanz in den Mund!«

Ich kam in dieses Theater aus meinem Theater, oft aus Sessions, in denen wir extreme Spiele und echte Orgasmen gelebt hatten. Die Texte im Schauspielhaus waren greller als bei mir zu Haus – da wurde weder um Geld gefeilscht, noch war es nötig, übers Ficken so zu *reden*, und es wurde auch nie jemand abgestochen. Die Nuttentexte und das dramatische Gekreische bekam ich zu hören, während ich mich auf meinen Auftritt konzentrierte: im grauen Flanell, mit Krawalle, Ehering und Bibel auf dem Schoß. Ich spielte den Gefängnisgeistlichen!

Das hatte seinen absurden Witz – ich fand's aber nicht immer komisch. Zu oft mußte ich in meinem privaten Theater aus Spielen aussteigen, die nicht nur geiler, sondern vor allem wichtiger waren. Sogar als Pastor war ich zu Hause nützlicher. Im Schauspielhaus war's der seelsorgerische Dialog mit einem im Knast gelandeten New Yorker

Daddy, bei mir ging es um reale Verwirrtheiten und manchmal wirklich ums Überleben.

Im Studio am Steindamm war mir bewußt geworden, wie hilfreich die geächtete Prostitution auch in der Gosse wirkte. Inzwischen ›praktizierte‹ ich in einem gutbürgerlichen Wohnviertel, helle, repräsentative Räume in Eppendorf, äußerlich gleichauf mit jeder honorigen Therapeutenpraxis. Und ich hatte in den Jahren dazugelernt, mehr Verborgenes aufgespürt, als mir das Theater je erhellt hatte. Schon gar nicht die Lektüre über Psychologie und Sex. Ich konnte mittlerweile verläßlich ›diagnostizieren‹, was ein Mann, der sich zu mir ins geheime Theater traute, wirklich brauchte. Nicht allein für seinen aktuellen Notständer, sondern möglichst über den Tag hinaus. Ich inszenierte, arrangierte ihm, was ihn erleichterte.

Das wurde von Jahr zu Jahr anstrengender, denn ich erlaubte mir keine routiniert hand-werklichen Fertigkeiten, in keinem meiner beiden Theater, ich spielte mit vollem Einsatz – den Pastor in New York ebenso wie den Therapeuten im Puff.

Die kunstgedachten Theaterstücke fand ich immer enttäuschender. Desperate Geschichten, grandioser Weltschmerz. Die alte Leier. In meinem Theater explodierten Spiele noch zu unverhofften Varianten, ich sagte oft: »Wenn ich nicht selbst mittendrin wäre, würd ich es mir nicht glauben.« Nach solcher Überraschung suchte ich im Kunsttheater vergeblich. Allerdings arbeitete die Zeit gegen mich als Sex-Spieler, gnadenlos wie beim Ballett.

Welche Berufsperspektiven bleiben dem alternden Tänzer? Choreograph – als Leiter meines noblen Clubs, mein alter Traum? Oder der spielerfahrene Sex-Therapeut? Oder sollte ich alle meine Kenntnisse am ehrwürdigen Theater einsetzen, nun als gereifter Regisseur?

Der ›choreographierende‹ Therapeut als Patron eines Privatclubs, das würde mich durchaus reizen – wenn unsere Gesellschaft die Prostitution endlich als sozialen

Dienst anerkennen wollte (es gab im Deutschen mal das schöne Wort »Liebesdienerin« statt »Hure«). Kürzlich las ich die Äußerung einer deutschen Politikerin, die pragmatisch darauf verwies, man könne den Markt Prostitution nicht länger ignorieren, dahinter verberge sich offenbar ein elementarer Bedarf. Sie nannte eine unglaublich hohe Summe, die nach den Statistiken allein in Deutschland täglich für gekauften Sex ausgegeben wird.

Alles im geheimen. Merken die Ehefrauen nichts von den fixen Ficks ihrer Freiersgatten? Nirgends sonst als bei Prostituierten können diese Männer ihre Phantasien rauslassen. Karneval im Hirn, zweite Identität, wer träumt sich nicht in ein anderes Leben?

Ob einer in Zaumzeug und Pferdegeschirr sich wiehernd aufbäumte unter meinen Peitschenhieben; oder ein anderer nach groben Stricken fragte, weil er angebunden auf allen Vieren nackt als tatsächlich grunzendes Schwein mit leichten Stockhieben durch die Zimmer getrieben werden wollte; oder ich mich schlafend stellen mußte, damit ein junger Mann, seit wenigen Monaten verheiratet, sich ›unbemerkt‹ an meinem Fuß vergehen konnte – küssen, streicheln, wichsen. »Warum nicht mit deiner Frau?« – »Es muß ein männlicher Fuß sein.« Einen Pfarrer traf ich in seiner Kirche, werktags am hellen Nachmittag, er ging voraus durch die Sakristei in den Heizungskeller, dort lag eine Matratze, ich brachte eine unauffällige Sporttasche voller Leder-Toys.

Diese Glücklichen wußten, wohin mit ihren geheimen Wünschen. Es braucht viel Mut, sich da herauszuwagen. Allein der Anruf: Hallo, ich möchte, ich bin, ich brauche, ich... Wie oft am Tag gab ich meine Adresse preis, wie selten traute sich der Anrufer dann auch in meine Wohnung. Wo blieben die Feiglinge mit ihren ungelebten Wünschen?

»Hallo, wie groß bist du?« – »Einsdreiundachtzig.« – »Äh, nein, ich meine...« – »Der Schwanz ist siebenunddreißig Zentimeter lang.« – »So groß? Meiner ist nur achtundzwanzig – mal sieben.« Idiot!

»Hallo, ich bin zweiundzwanzig, und du?« – »Ich bin auch schon Rentner.«

»Hallo, könnten Sie mich im Hotel Atlantic besuchen, Zimmer 307, ich heiße Müller, Doktor Müller.« – »Trifft sich prima, Doktor Mülleimer, ich hab dort eine Suite, Fickstunde täglich von sechs bis...« Aufgelegt.

»Hallo, kann ich bei dir auch zu dritt oder zu viert, Geld spielt keine Rolle!« Verlogenes Großmaul.

»Hallo, darf ich meine Frau mitbringen?« – »Und weiter?« – »Sie will gefesselt werden und zusehen, wie ich dich ficke.« Kein Idiot, sie kamen wirklich.

Auch der Typ, der eine Kollektion Sicherheitsnadeln mitbrachte, steril durch den Sack zu stechen. »Und zuklemmen, bitte!« Oder der stattliche Kerl mit eng geschnürter Korsage, weiß mit Rüschen: »Zu Hause lauf ich auch so rum, hat meine Frau nichts gegen.« Sie hatte bloß keine Ketten, um ihn noch enger zum Paket zu schnüren und zu foltern, und dann bitte noch brutal in den Arsch.

Bezaubernd der alte Herr, für den ich Schulhefte bereitlegen mußte. Wir setzten uns zum Diktat: so viele Fehler, so viele Schläge; ihm auf die Hose, mir auf den Nackten. Ein gemütlicher Dicker schleppte immer neue Uniformen an, bevorzugt von Matrosen. Lieb war der hagere Intellektuelle, der seine Plüschtiere mitbrachte...

Einer fragte ruhig und sachlich nach den Konditionen für einen Besuch bei mir, nach meinem Aussehen, was ich mache, durchweg besonnene Fragen. »Gut, dann komme ich jetzt zu dir und bringe Hammer und Messer mit.« Heißt das nicht Hammer und Sichel? Ich dachte mir nichts dabei, als ich den netten Anrufer fragte: »Was willst du denn damit?« – »Das ramm ich dir rein, du verdammte schwule Sau!« Völlig normale Stimme.

»Hallo, ich muß dich mal was fragen, aber es kann sein, daß meine Frau gleich nach Hause kommt, dann leg ich auf, ja?«

»Hallo, welche BH-Größe würde dir passen?«

»Hallo, was kostet bei dir Sex natur?« Ohne Gummi! »Kommt drauf an.« – »Ich zahl alles.« – »Zwei Millionen?« – »So viel?« – »Nein, zwanzig Millionen.«

»Hallo, ich heiße Paula, meine Frau ist grad verreist, machst du auch Hausbesuche?«

»Hallo, ich wohne in der Elbchaussee und schick dir den Chauffeur vorbei.«

»Hallo, ich bin grad nackt, du auch?« – »Ja.« – Steht deiner?« – »Natürlich, willste mal hören?« – »Ja, bitte!« Ich klopfe mit dem Finger gegen die Telefonmuschel. »Geil!«

»Hallo, ich lieg hier grad mit meiner Frau im Bett und krieg kein' hoch.«

»Hallo, erzähl mal was über dich, wie du so aussiehst und so...« Keuch ächz wichs. Diesmal lege ich auf.

»Verzeihen Sie, daß ich so einfach anrufe, wir sitzen hier gerade gemütlich beisammen, meine Frau und ich, würden Sie uns die Freude machen, sich nackt auszuziehen?« – »Am Telefon.« – »Nein, hier bei uns, splitternackt.«

»Hallo? Moment, ich verbinde.« – »Hardenberg & Co, guten Tag!« – »Sie sind offensichtlich falsch verbunden.« – »Ah ja?« – »Einer Ihrer Kollegen hat sich einen Scherz erlaubt.« – »Aha.«

»Hallo, würdest du ein Kleid von meiner Frau anziehen?« – »Wozu?« – »Damit ich dir die Fresse polieren kann!«

Veröffentlichte man die Telefonate eines Callboys oder Callgirls von nur einer Woche aus einer beliebigen deutschen Stadt, so würde sich offenbaren, wie verstümmelnd unsere Alltage sind, für erschreckend viele Menschen. Ich dachte oft, wenn man sowas mal live im Radio senden dürfte! Die berühmte schweigende Mehrheit, bei mir hat sie sich ausgequatscht. All die Männer, die am Abend allein zu Hause hocken und denen es vor sich selber graust. Das sind nicht nur die Singles. Viele sitzen mitten in ihrer Familie einsam, mit ungelebten Bildern im Kopf. In ihren Alltagen sind sie zur Disziplin gezwungen, fixe Arbeitszeiten, korrektes Verhalten, hohe Konzentration. Zum

Ausgleich verlangt unser Gemüt phantasiebefreiende Spiele.

Mit extremen oder schrillen Anrufen konnte ich fertig werden. Verletzend war die hohe Zahl vertrauenswürdiger Männer, die sich liebenswürdig und ausführlich mit mir unterhielten, manche so sympathisch, daß ich mich im voraus auf ihren Besuch freute, fest zugesagt für eine präzise Zeit – aber sie kamen nicht. Es gab Tage, da folgten mehrere solcher enttäuschenden, weil täuschend echten Anrufe aufeinander. Das war schwer zu verwinden. Sie wollten es spielen, als wäre es wahr. Wenigstens am Telefon.

Inzwischen werden professionelle Sexkontakte per Telefon angeboten, ein gut florierendes Geschäft. Die Einsamen begnügen sich mit einer anonymen Stimme, lassen sich aufgeilen, stöhnen im ›gemeinsamen Orgasmus‹.

Ich habe die Telefonwichser alle abgehängt. Sobald einer stöhnte an der Strippe – aufgelegt. Schon allzu üppige Phantasietexte nahm ich als Indiz: Schwätzer. Es summierte sich zermürbend, was sie mir an einem Tag alles ins Ohr zwangen an Lügen und Feigheiten, an Gemeinheiten sowieso. Wirklich verblüffend war jedoch, daß sich an einzelnen Tagen sehr zugespitzte sexuelle Vorlieben auffallend häuften. Die Flagellanten, die Gummi-Fetischisten – nicht einer, sondern gleich fünf oder acht von ihnen am selben Tag. Warum heute die Pisser und morgen überraschend die Strapsmäuse? Zur selben Zeit aus unterschiedlichstem Leben.

Vor einer Tatsache verschließt man gern die Augen: Callboys haben zu achtzig Prozent heterosexuell lebende ›Freier‹. Auch darin hat der Job einen gesellschaftserhaltenden Wert. Zu mir kamen nicht vorwiegend ›perverse Homos‹ oder verkorkste Singles. Wie viele Ehen habe ich über Jahre gestützt, weil den Männern für ihre irritierenden Gelüste bei mir eine Wirklichkeit geboten wurde – geschützt vor Skandal in diskreten vier Wänden. Seit Aids auch geschützt vor unverantwortlichem Sex. Alternative wären ja die flüchtigen Kontakte in dunklen Pornokinos, im Park, in Klokabinen, der hektische Fick mit geschlossenen Augen – ›ohne‹.

Die meisten Männer kannte ich jahrelang. Ich habe sie nie ausgefragt, aber von fast allen erfahren, wie sie privat lebten. Einer meinte, sich selbst entschuldigend: »Weißt du, ehe ich meine Frau mit einer Jüngeren betrüge und sie dann vielleicht nicht mehr mag – komme ich lieber zu dir.« Manche konnten offen mit ihren Frauen sprechen, einige Männer waren sogar versessen darauf, mich zu Hause vorzustellen. Einer brachte danach immer eine Torte mit, die seine Frau für mich gebacken hatte. Auch sein Leiden (unter dem die ganze Familie mitgelitten hatte) recycelten wir gemeinsam in Lust.

Genau das leistet eine gelungene verabredete Geilheit. Reinigt die Seele. Am sichtbarsten bei den Flagellanten, die ich schaudernd bewundere. Was können da einige Typen an Schlägen verkraften, der Hintern grün und blau und zuweilen auch blutig – dann ist es gerade recht.

Ein Neunzehnjähriger ruft an, er will Schläge. »Ja, ja«, sag ich, »komm mal um sechzehn Uhr.« Der traut sich sowieso nicht! Behauptet, er will per Motorrad kommen.

Und dann klingelt es pünktlich. Durchs Guckloch sehe ich nichts als einen gewaltigen Brustkasten. Vor mir steht ein Riese. Neunzehn und die Stimme eher zart, aber Muskeln wie die Toms of Finland! Den soll ich verprügeln?

Er legt seinen Sturzhelm aufs Sofa, und wir reden erst mal: »Woher weißt du, was du brauchst?« – »Ach, da kenn ich zwei ältere Typen, die machen sowas, aber die wollen dann auch so'n homosexuellen Kram – nee, bin ich nich für.« Und da kommt er zu mir?! »Also, manchmal hab ich das so heftig im Kopf drin, ne, daß ich beim Sex mit meiner Freundin an nix anderes denken kann.« – »Warum läßt du dich nicht von ihr einfach mal...?« Er lacht und hebt seinen Prankenarm: »Geht doch gar nich, wenn ich die so im Arm halte, ne, und sag zu ihr: Jetzt schlag mich!« Er lacht, und ich lache unsicher mit, weil, ne, so viel kräftiger als seine Verlobte bin ich auch nich...

Weshalb ich ihn vorsorglich ankette, als wir im Studio stehen. Massig Muskeln an den Armen, und einen Arsch hat er, exakt wie in Toms Bilderbüchern, ich hätte nie geglaubt, daß es solche Ärsche *wirklich* gibt. Solche Schenkel! Und eine Mordslatte, schon beim Anketten der Arme. Ich teste aus, wie stark er die Schläge braucht. Und staune nicht schlecht, als er bei gesteigertem Schmerz plötzlich sagt: »Hast du mal irgendwas zum Reinstecken in den Arsch? Kerze oder so.« Das verschafft ihm einen mächtigen Orgasmus.

Dann sitzt er wieder locker auf meinem Sofa, trinkt Kaffee und sagt den unvergeßlichen Satz: »Das ist wie ein frischer Wind durchs Gehirn!«

Doch auf den Straßen immer häufiger Exzesse von Gewalt, jugendliche Banden unterscheiden nicht mehr Spiel und echtes Blut. »Clockwork Orange« ist längst von brutaler Realität übertroffen, Film ersetzt ihnen offenbar keine wahre Action. Können die Kids nicht spielen? Da weht kein frischer Wind durchs Gehirn.

Psychosexuelle ›Behandlungen‹ waren aufwendiger.

Ein Mann besuchte mich zum ersten Mal, etwa dreiundvierzig, also in meinem Alter, Chef einer großen Firma, verheiratet und Vater eines Kindes. Im Vorgespräch machte er eine fahrige Andeutung, eigentlich könne er auch von einer Brücke springen. Ich hörte das, ging aber zunächst nicht darauf ein, weil ich spürte, daß erst einmal guter Sex für ihn wichtig war. Der gelang uns auch, mit Überdruck seinerseits, es dauerte keine halbe Stunde. Ich hatte meine Schuldigkeit getan, er konnte gehen.

Zu seiner Überraschung nahm ich die Andeutung auf: »Warum könntest du von einer Brücke springen?«

Wie es oft geschehen ist, nachdem wir nackt und vertraut waren – ich fragte, und sie erzählten mir unversehens Geheimnisse, die sie ihrem Therapeuten über Jahre nicht offenbart hatten. Auch dieser Mann vertraute sich mir an. Zwar war es mal wieder der übermächtige Vater, aber in einer perfide blockierenden Variante. Sein Vater war seit ein paar Jahren tot. In der Firma, deren einziger Chef er nun war, gab es einen leitenden Angestellten, dessen Alter und Erfahrung dem Junior die nötige Reputation bei Banken und Großkunden verschaffen sollte. Dieser Angestellte nutzte seine Position, um mit dem Chef Katz und Maus zu spielen, aus purer Lust. Ein Machtspiel. Mittlerweile sogar existenzbedrohend für die Firma, weil der Ältere mehrfach eigenmächtig Kontakt zu Banken aufgenommen hatte, um dort – nach bereits erfolgreichen Verhandlungen des Chefs – für Unsicherheit zu sorgen, indem er vor der Inkompetenz des Jungen warnte. Auch bei firmeninternen Besprechungen führte dieser Kerl den Junior regelrecht vor. »Und ich begreife einfach nicht, wieso ich nicht die Kraft habe, mich zu widersetzen! Sobald der auftaucht, bin ich wie gelähmt.«

Nach anfänglichen Lobeshymnen auf seinen untadeligen Vater schilderte mir der Mann einen Vorfall aus seiner Kindheit: Sie waren in Garmisch gewesen, er gerade zehn Jahre alt, sein Cousin schon vierzehn. Ein Bergausflug war geplant, der Cousin durfte mit, aber zum Sohn sagte der Vater: »Du kannst das nicht.«

Als er mir das erzählte, öffneten sich Schleusen von Erinnerungen, bei wie vielen Gelegenheiten ihn sein Vater für unmündig erklärt hatte. Der Angestellte spielte dieses Spiel nur weiter, hatte instinktiv und sadistisch den Schwachpunkt des Juniors erkannt. Nun galt es, Strategien gegen diesen lähmend ersetzten Vater zu entwickeln. Zum Wohl der Firma und gegen den Sprung von der Brücke.

Einen anderen Freund hätte ich vielleicht retten können, wären wir uns nicht zu früh begegnet. Ich war noch zu unerfahren als Callboy und auf diesen Aspekt der Tätigkeit überhaupt nicht vorbereitet. Es geschah in München, während der ersten Monate meines zweiten Lebens.

Von Sadismen und Masochismen hatte ich keinen Schimmer. Weshalb ich völlig ratlos war, als dieser ›Kunde‹ mich erstmals damit konfrontierte. Ein hagerer, beunruhigend schweigsamer Mann. Er legte seine Kollegmappe auf meinen Schreibtisch, zog sich sofort aus, kaum daß er in der Wohnung war, hängte seine Hose über die Stuhllehne, penibel auf Bügelfalte, und nahm aus der Mappe einen vierzig Zentimeter langen Stock, der aussah wie ein Dirigentenstab. »Du gibst mir jetzt Befehle, und so oft ich mich weigere, kriege ich Schläge mit dem Stock.«

Ich war keineswegs schockiert, ich hatte nur das Problem: Was sollte ich ihm befehlen? In meinem kleinen Appartement! Daß er vor allem zu Sex gezwungen werden wollte, zu möglichst demütigendem, das fiel mir im ersten Schreck noch nicht mal ein. Fieberhaft dachte ich mir ein paar alberne Befehle aus, schon den dritten verweigerte er – also überwand ich mich und haute ihn kurz mit dem Stock. Restlos überfordert. Ich mußte mir dringend was einfallen lassen.

Ich fragte ihn nach seinem Vornamen. »Werner.« Das war zwar gelogen, wie ich später erfuhr, aber es war der Name, den er sich selbst für seine Maso-Identität gegeben hatte – also sein wahrer Name.

»Du sagst jetzt: Werner ist lieb.«

Er kämpfte mehrere Minuten, dann brach er in Tränen aus. Es war der Beginn meines ersten therapeutischen ›Kundengesprächs‹. Dieser Mann war Masochist wie ich, aber davon verstand ich damals noch nichts und konnte ihm keinen Mut machen. Er lebte in Niederbayern als Lehrer, galt unter den Kollegen als souveräner, stets witziger Einzelgänger, ohne jedes sichtbare Anzeichen von Depression. Die erlaubte er sich nur zu Hause. In einer Wohnung, die völlig steril war, vorzeigbar wohl, aber jahrelang wurde das Inventar um keinen Zentimeter bewegt. Wann immer ich ihn dort besuchte, nichts verändert, nichts. Atemlose Ordnung. Blitzblank, klinisch tot. Das fiel mir zwar auf, deuten konnte ich es nicht.

Immerhin empfahl ich ihm einen befreundeten Analytiker, den zu kontaktieren er sich jedoch weigerte, mit der Begründung: »Kein Analytiker ist schlauer als ich. Der sagt mir nichts, was ich nicht selbst schon weiß. Ich will nur schlafen... ich bin bloß müde, einfach müde.« Zweimal schleppte er sich mit letzter Kraft in eine Klinik, für eine Schlaftherapie; beim zweiten Mal klappte er dort schon in der Aufnahme zusammen.

Aber mehr als eine Schlafkur akzeptierte er nicht, nachher ging er wieder zurück in sein offiziell fröhliches Leben. Wurde sogar zum Konrektor befördert. Und rief mich in regelmäßigen Abständen weinend aus einer Telefonzelle an. Ich konnte ihn nur für den Moment beruhigen, das war besser als nichts. Und wir trafen uns oft.

Dann verreiste ich zwei Monate. Zuerst war ich für vier Wochen nach Spanien eingeladen. Kam nur zum Umpakken der Koffer zurück, für den nächsten Tag war der Flug nach Amerika gebucht. Weitere vier Wochen! Vor dem Start telefonierte ich noch mit ihm. Vielleicht hätte ich ihm nicht sagen sollen, daß ich so weit weg flog.

Nach meiner Rückkehr rief ich ihn mehrmals an, aber erst nach vierzehn Tagen vergeblicher Versuche hob ein Fremder ab. Nein, Herr X sei nicht – erreichbar. »Ist er tot?« – »Ja, wie kommen Sie darauf?« – »Ich hab ihn gut gekannt. Wußte denn keiner, wie verzweifelt er war?« – »Nein. Er ist in seinem Auto gefunden worden, am Wald. Wir hatten alle keine Ahnung!«

Natürlich weiß ich nicht, ob ich später andere Männer vor einer solchen Katastrophe retten konnte. All diese andernorts als ›Patienten‹ eingestuften Männer schleppten sich fast immer mit einer Last herum, die sie bei mir prima wegsexen konnten. Manche brachte ich mit Gleichgesinnten zusammen, die meisten wußten sehr genau, welche Spiele sie bitter nötig brauchten, also organisierte ich sie ihnen.

Professionell in allerlei Kostümen, mit Dialogen. Und mit berührter Haut. Darin war ich den Therapeuten und Pastoren überlegen.

In meine Alsterkamp-Wohnung kam ein älterer Herr, adrett gekleidet, die Haare leicht in die Stirn gekämmt, Goldbrille, ich hielt ihn für einen pensionierten Kunsterzieher. Freundlich, ein amüsanter Plauderer, der erstaunliche Geschichten aus dem Berliner Homoleben der zwanziger Jahre zu erzählen wußte. Die Fremdheit seines alten Körpers war völlig bedeutungslos, weil der Mann über sich selbst witzelte, humorig präsent, im Kopf kunterbunt gesund. Wir lagen nach seinem viel zu raschen Orgasmus im Bett, er erzählte, ich fragte, wir lachten, ich hätte ihm tagelang zuhören mögen.

Sein zehn Jahre älterer Freund war an Alzheimer gestorben, zehn Jahre lang ein Pflegefall. »Der lief immer weg, wie'n Kind, mußt ick öfter meine Arbeit liejenlassen und ihn suchen.« – »Wie lange wart ihr zusammen?« – »Über vierzig Jahre. Det schwerste war, die letzten Jahre, wie er krank war, da is keen Aas mehr jekommen, von die alten Freunde!« Aber er lachte drüber, »so sind die eben«. Und er war mir von Anfang an vertraut. Ich nannte ihn den kleinen Schneider, weil er früher mal ein Schneideratelier in Blankenese hatte.

Als Achtzehnjähriger zog er mit seinem Freund zusammen, in ein enges Zimmer, sie waren arm wie die Kirchenmäuse. »Aber für uns war's der Himmel auf Erden!« Für ihre erste Silvesterfeier hatten sie nur Brot und einen Beutel für Glühwein. Den gossen sie sich mit heißem Wasser als Punsch auf und stießen aufs neue Jahr an. Später mieteten sie – »Trautes Heim, Glück allein« – eine Wohnung und sammelten das obligate Meissner Porzellan. Das wurde alles in Kisten verpackt, ehe sie beide an die Front mußten, fürs Vaterland, das Schwule ins KZ steckte.

Der kleine Schneider landete im tiefsten Rußland und mußte Gefangene beaufsichtigen. Einmal ließ er sich in einer Kapelle von einem jungen Russen bumsen. Absolut lebensgefährlich!

Nach der Kriegswende nahmen die Russen ihn gefangen. Anfangs sollte er Torf stechen, dazu fehlte ihm die Kraft; dann arbeitete er beim Bau und mußte Türen zimmern. »Meine waren immer schief!« Kräftigere Gefangene halfen ihm. Ein Rätsel, wie dieses kleine, zarte Kerlchen das alles überstehen konnte.

Nach dem Krieg: wieder nur ein Zimmer, nein, eine Wohnküche (und das Meissner Porzellan natürlich zerbombt). Sie schliefen auf einem Notbett, weil auf dem Küchensofa die Mutter seines Freundes lag. Sie hatte Magenkrebs. Manchmal stank die Kranke so entsetzlich, daß es der eigene Sohn nicht ertragen konnte, aber der kleine Schneider versorgte sie. Eines Tages hatte er gerade einen Kuchen in der Backröhre, als die alte Frau auf dem Sofa zu sterben begann. Der Sohn ergriff die Flucht. Der kleine Schneider hielt die Sterbende im Arm, behielt aber auch den Kuchen im Auge. »Den konnte ick doch nich verbrennen lassen!«

Dann baute er sich das Atelier auf. Sein Freund arbeitete im Finanzamt und handelte nebenbei mit Antiquitäten. Das Geschäft florierte, der Schneider konnte schon bald Leute einstellen. Aber sein von den Kriegsjahren strapazierter Körper war solchem Streß nicht gewachsen, blutende Magengeschwüre, er mußte das Atelier aufgeben. Damals sagte sein Freund: »Soll ich nicht eine Lebensversicherung über hunderttausend Mark zu deinen Gunsten abschließen?« – »Ach nee, laß man, wenn dir was passiert, kommen sowieso die Verwandten wie die Geier und erheben Anspruch auf die Prämie! Det kennt man doch.«

Als der Freund gestorben war, nahm der kleine Schneider seine Mutter auf. Ein Zimmer nutzte er als Werkstatt, und die Mutter trug mit ihrer Rente zur Miete bei. Später wurde sie bettlägerig, und der kleine Schneider pflegte auch sie, bis zu ihrem Tode.

Er war inzwischen selbst Rentner und bekam ganze siebenhundertachtzig Mark. Allein die Wohnungsmiete betrug achthundert Mark. Als ich ihn kennenlernte, hatte er ein Zimmer an einen Studenten untervermietet und saß noch täglich hinter seiner Nähmaschine. Anzüge schaffte er keine mehr, »man wird doch müde, läßt allet nach«, lachte er, und ich lachte mit, denn alles hatte bei ihm noch lang nicht nachgelassen! Seine schnieke Garderobe stammte aus besseren Zeiten und war in eigener Werkstatt maßgeschneidert. Daher anfänglich mein Eindruck vom wohlversorgten Pensionär. »Ick war mal zur Kur, da haben die Damen mir immer Herr Doktor getitelt, wejen meine Garderobe!«

Der Freund hatte ihm ein wertvolles Bild hinterlassen, einen echten Liebermann. Das hing im Wohnzimmer. Bis zu dem Tag, als es in der Wohnung darüber einen Rohrbruch gab – das Wasser lief genau die Liebermannwand runter. Das Gemälde war nicht mehr zu restaurieren; zumindest behauptete das der Händler, dem er daraufhin das ruinierte Bild überließ.

Das erfuhr ich alles, während wir am ersten Tag im Bett lagen. Ich dachte: Von diesem Mann kann ich doch kein Geld annehmen. Allerdings, wenn ich einem so alten Mann sage, du kannst mich umsonst verknuspern, dann wird er das ausnutzen, mich oft und allzu oft besuchen, ich werde seinetwegen andere Treffs versäumen, also wär es am Ende so, daß ich indirekt *ihn* bezahle… Was tun? Ich nahm mir vor, ihn nicht nach Geld zu fragen (das war ohnehin immer der peinlichste Part des Vergnügens), ihn aber ohne Einhaltung dieser Spielregel auch nicht wiederzutreffen. Es sei denn – und da kam mir eine Idee.

Zu der Zeit kannte ich etliche Männer aus Blankenese. Der kleine Schneider wohnte zwar im weniger noblen Nachbarort Wedel, aber ich wollte nun alle Freunde in seiner Nachbarschaft verdonnern, sich zukünftig ihre Änderungen nur noch von ihm schneidern zu lassen. Einer dieser Freunde protestierte amüsiert: »Wir finanzieren die Bordellbesuche deines Schneiderleins!« Allerdings.

Unser erstes Treffen endete prompt mit einer finanziellen ›Komplikation‹. Ich hatte schon viele stinkreiche Knauser kennengelernt, die es manchmal sogar darauf anlegten, den Obulus einfach zu vergessen. Einer hatte sich mal drei Tage bei mir einquartiert, full service, ich brachte ihn nachher zum Bahnhof, und er lehnte sich aus dem Abteilfenster: »Es war so wunderschön mit dir, wenn ich dir jetzt was bezahlen würde, wär meine ganze schöne Stimmung hin.«

Dieser fröhliche Alte dagegen legte mir diskret einen Briefumschlag auf den Tisch, bevor er sich verabschiedete. Ich fand später fünfzig Mark mehr darin als zuvor am Telefon vereinbart. Ich kannte einen Jungen, der in Wedel zur Schule ging, ihn beauftragte ich, die fünfzig Mark zurückzubringen. Der unverhoffte Besuch des Knaben gefiel dem kleinen Schneider, das mit dem »Fuffzger« kränkte ihn.

Wir blieben acht Jahre lang Freunde. Es kam der gefürchtete Tag, als der Student auszog. Die Wohnung wurde zu teuer. Das wollte der kleine Schneider nicht eingestehen, ich bemerkte es rechtzeitig, weil er nicht so fröhlich war wie gewohnt. Er hatte schon seit zwei Monaten die Miete nicht mehr gezahlt und war entschlossen, sein Leben zu beenden, wenn sich keine Lösung fände. Die Suche nach einem neuen Untermieter war aussichtslos, den Studenten war das Zimmer zu primitiv, und er mußte es für mindestens dreihundert Mark vermieten. Seine Werkstatt brachte nur noch Pfennige ein.

Ich telefonierte mit dem Sozialamt. Seine minimale Rente war zu hoch, um ihn als Sozialfall einzustufen. Trotzdem bekam er Wohngeld, mit der Auflage, sich umgehend um eine billigere Wohnung zu bemühen. Den alten Mann verpflanzen, nach fünfundzwanzig Jahren in der vertrauten Umgebung? Gab es denn keinen, zu dem er konnte? Irgendwo in Bayern lebte eine Schwester, die sich aber nicht um ihn kümmerte. Entferntere Verwandte hatten sich bemüht, solange sie glaubten, er hätte ein Sparkonto zu vererben. Als er diesen Irrtum eines Tages aufklärte, kamen sie nicht mehr.

Wir fanden eine Wohnung in Eppendorf, da hatte er früher mit seinem Freund gewohnt und kannte sich aus. Nur wenige Minuten von mir entfernt, in einem Haus, das mit Mitteln eines Hamburger Senators in altengerechte Wohnungen aufgeteilt war. Dieser Senator lebte im sechzehnten Jahrhundert. Er vermachte sein Vermögen einer Stiftung, die noch heute aus den Zinserträgen neue Wohnungen für bedürftige Alte schafft. Hanseatische Tradition.

Ich schwatzte der Verwaltung eine Erdgeschoßwohnung für meinen kleinen Schneider ab, nach hinten raus ins Grüne, mit kleiner Terrasse und hoppelnden Hasen auf der Wiese, mitten in Hamburg. Er hatte sogar ein kleines Zimmer, in das auf den Millimeter genau sein Arbeitstisch und die Nähmaschine paßten. Ich half ihm bei der schwierigen Entscheidung, welche Möbel er aus seiner alten Wohnung mitnehmen sollte. Dafür hatte er keine Phantasie. Ein viel zu großes Buffet wollte er mitnehmen, das redete ich ihm aus.

Er vertraute mir in allem. Ich bestellte einen Transporter, für hundert Mark plus Übernahme seiner Restmöbel. Aber am Tag des Umzugs, seines Auszugs nach so vielen Jahren, ausgerechnet Mitte Dezember, in der heimeligen Adventszeit, noch dazu an einem dunklen Schneeregenmatschtag – da hatte ich Probe bis zum späten Nachmittag. Er mußte also alleine das Verladen seiner Habseligkeiten mit ansehen, in den Transporter klettern und zur neuen Wohnung fahren. Dort saß er in Bergen von Umzugskartons, keine Lampe angeschlossen und schon gar kein Adventskranz auf dem Kaffeetisch, ein unbeschreibliches Chaos – und niemals wieder eine traute

Gemütlichkeit …? Ich war auf Klagen gefaßt. Er schüttelte sich vor Seligkeit und sagte: »Ick bin so glücklich!«

Einem solchen Mann zu helfen war keine Heldentat. So viel Lebensfreude war immer aufbauend, nie ermüdend. Flugs waren die nötigsten Lampen installiert, Kaffee gekocht und für die erste Nacht Bett und Bad gerichtet. Er nannte später diese Wohnung sein »kleenet Paradies«. Und zum ersten Mal in seinem Leben mußte er nicht mehr arbeiten. Das Wohnungsamt zahlte ihm einen minimalen monatlichen Zuschuß zu den Wohnkosten, so reichte seine Rente. Und er wußte mich in seiner nächsten Nachbarschaft. Es sprach sich zudem im Haus herum, daß im Erdgeschoß einer schneiderte. Einige Damen brachten ihm Arbeiten, nur weil sie mit ihm plaudern und ihn zum Kaffee einladen wollten. Aber das wehrte er mannhaft ab.

Er war sechsundsiebzig, als sich Wasser in seiner Lunge staute. Er hatte schon ein Jahr zuvor, als ich in den Sommerferien verreist war, an die Anatomie geschrieben – weil sie eine Leiche zwar zerschnibbeln, aber dann kostenfrei beerdigen. Wir beide wußten nicht, daß die Krankenkasse die Mindestkosten für eine Beerdigung zahlt. Die Mutter hatte sich auf dem anonymen Friedhof beerdigen lassen. Der kleine Schneider kannte die Stelle auf der Wiese und zeigte mir, wo sie lag. »Zehn Schritt von hier, achtzehn von dort.« Er wollte auch auf diese anonyme Wiese, weil das billiger war als ein Grab neben seinem Freund. Ich ahnte nichts von dem Brief an die Anatomie.

Als es mit der Lunge zu arg wurde, sagte der Arzt, nun müsse er unbedingt ins Krankenhaus. »Da jeh ick nur hin, wenn du mir versprichst, ick kann sofort wieder heim, wenn ick will!« Wer würde ihm das nicht mutig versprechen? Im Krankenhaus verfiel er von Tag zu Tag. Er lag dort nicht allein, ständig kamen Schwestern oder Pfleger herein, er fühlte sich permanent gestört. Und schon nach wenigen Tagen schaffte er kaum noch den Weg zum Sessel in der Ecke. Und wollte heim in seine kleine Wohnung.

In der darauffolgenden Woche mußte ich nach Paris, das

Schauspielhaus gastierte dort. »Warte, bis ich von dort zurück bin.« – »Dann ist es schon zu spät.« Er war so unsentimental wie immer in seinem Leben. Ich wollte mithalten und saß nur heulend an seinem Bett. Wütend, daß mir die Beherrschung fehlte. Er sagte nur: »Schade um jeden Tag, den ick hier bin.« Da wußte ich, es wurde Zeit.

Das Wochenende wartete ich noch ab. Versuchte, ihn aufzumuntern. Er wollte nach Hause. Dringend. Ich fragte befreundete Ärzte, die meinten, er könne in ein Koma fallen und wochenlang künstlich am Leben gehalten werden. Am Montag sagte ich zum Stationsarzt: »Der kleine Schneider will nach Hause.« Der Arzt setzte sich auf seine Bettkante: »Sie wissen, es kann Ihren Tod bedeuten?« – »Ja. Ick möchte aber.«

Weil an der Klarheit seines Willens nicht zu zweifeln war, stimmten sie der Entlassung zu. Ich ließ mich beraten; was es zur häuslichen Pflege brauchte, besorgte ich in aller Eile in einem Sanitärgeschäft. Am Nachmittag brachte ihn der Krankenwagen in die Wohnung. Ich stellte ihm die Fotos von seinen Eltern und das von seinem Freund ans Bett. Musik wollte er nicht. Er hatte den Blick durchs Fenster in seinen Garten.

»Hast du Angst?«

»Ja.«

»Glaubst du nicht, es geht weiter?«

»Doch.«

»Wovor hast du dann Angst?«

»Vor dem Moment.«

»Und was ist danach...?«

Er hob schwach die rechte Hand und machte zum Garten hin eine federleichte Geste, wie ein Vogel, der davonfliegt.

»Wie fühlst du dich?«

»Zufrieden und dankbar.«

Mir wurde klar, daß er nicht alleine bleiben konnte, und ich fuhr nach Hause, um mir eine Matratze zu holen. Als ich zurückkam, war er gestorben.

XI

Neuenfels wirft einer Schauspielerin vor, sie setze sich in seiner Inszenierung nicht wirklich ein.

»Ich will doch!«

»Ja, aber Sie haben nicht den Zwang!«

Aus dem Hamburger Schauspielhaus wurde ich gefeuert. Zadek wollte nicht mehr Intendant sein, und als sein Nachfolger designiert war ein wieseliger Waliser, dessen Namen man sich gar nicht erst zu merken brauchte, so schnell wollte er »die Produktionskapazität des Hauses steigern«, und so quick produzierte er sich selbst gegen Null. Er hatte vor, aus dem alten, einst von Elisabeth Flikkenschildt verfluchten Schauspielhaus eine flotte Fabrik zu machen, alle paar Wochen eine Premiere, alle Darsteller mit voller Kraft.

Zadek war noch im Amt, als Gast inszenierte die walisische Sternschnuppe Lope de Vegas »Richter von Zalamea«. Ich durfte den König spielen, der erst im letzten Bild auftritt und in einer einzigen Szene allmächtig alle Probleme löst. Eine wunderbar unaufwendige Rolle.

Ich sollte nicht nur den König spielen, sondern aus plumper Effektivität auch noch, wie einige andere Kollegen, als Fußvolk auftreten, als gemeiner Soldat. Mit Fechtproben! Und Tanzproben! Ich sagte dem kaufmännischen Direktor: »Wenn ich euch einen Statisten bezahle, der für mich den Soldaten macht, dann kommt mich das billiger.« Natürlich wußte der nicht, wovon ich redete. »Wenn du es nicht machst, tun's die anderen auch nicht, das gefährdet die Premiere«, hieß es. Und meine Vertragsverlängerung, das mußte nicht mal ausgesprochen werden.

Nur diesen König zu spielen, das hätte mich korrumpieren können, ich hätte mich für einen sicheren Vertrag vielleicht noch einmal verkauft. Und damit nicht nur ›das

Theater‹ verlängert, sondern auch meine gefährlichen privaten Sklavenspiele, denen ich mich zunehmend auslieferte, mit immer riskanterem Einsatz, außerhalb meiner beiden Theater. Ich hätte ihnen mit Wonne einen Sklaven gespielt, nackt auf der großen Bühne im Schauspielhaus, auch wirklich gefoltert und geschlagen, alles. Aber den König *und* einen anonymen Soldaten? Mich lustlos verkaufen ans Theater, ihnen irgendwas ›machen‹ für die Monatsgage, sonst nichts?

Auf einer Tanzprobe hatten wir diese Plim-Plim-Rasseln in der Hand wie im Kindergarten und standen im Kreis um eine Solistin, die singen und tanzen sollte, wir als anfeuernde Begleiter. Ich wurde ermahnt, eine »spanischere Haltung« einzunehmen und entschiedener mit dem Fuß aufzustampfen. Plötzlich hörte ich mich sagen: »Ich hab aber keine Lust.« Das verursachte einen Sturm der Entrüstung. Die Choreographin rannte sofort zum Regie-Quicky, der aus rationellen Gründen und wegen der knappen Probenzeit in einem anderen Raum mit anderen Kollegen für dieselbe Aufführung probte. Ich dachte: Jetzt hab ich nicht mal Prostitution gesagt, und es ist der gleiche Wirbel...

Wir wurden alle zu unserem künftigen Brötchengeber gerufen. »Ich will gar nicht wissen, wer da was gesagt hat«, beschied er uns, »ihr geht jetzt und macht das.« Wir gingen, und ich machte es, so lustlos wie vorher – und nur, weil ich wußte, wir würden ein paar Stunden später mit dem hohen Herrn selbst proben. Ich wartete einen ungestörten Moment ab: »Damit es klar ist zwischen uns: Der das vorhin gesagt hat, das war ich, und Sie sollen wissen, solche Proben sind mir unerträglich.« Ich hab es ihm sogar auf englisch gesagt, um sicher zu sein, daß er es kapierte. Er nahm's zur Kenntnis.

Und nahm mir eine schwere Entscheidung ab. Mein Vertrag war damit nicht verlängert. Nichts band mich mehr an Hamburg. Für meine Soldaten-Szene bezahlte ich ab der Premiere privat einen Statisten, damit er meine Auftritte ›machte‹ ... Das fiel im Hause niemandem auf. Schon zur Premiere hatte ich mich als Soldat hinter einer wild ins Gesicht hängenden Perücke so gut getarnt, daß nicht einmal gute Freunde mich auf der Bühne erkannten. Ich hätte mich nur einfach zusammenreißen und ihnen die lumpigen Irgendwers spielen müssen, ganz egal.

O nein, nicht egal. Noch immer nicht. Kein Theater irgendwie, und schon gar nicht nur fürs Geld. Bereue ich das heute? Bereits 1981 hatte ich an die Zeitschrift »Theater heute« einen Offenen Brief geschickt mit dem Titel »Ich halt das nicht mehr aus«. Den druckten sie auf Seite eins und zu meinem Ärger unter der Ankündigung, es sei der Text eines »Aussteigers«:

Ich will keine Maske mehr. Ich sehe zu viele Maskenfratzen in diesem Land. Im Theater und außerhalb. Außer in Bordellen vielleicht und in wenigen Momenten der Panik, da gibt es sekundenweise unmaskierte Gesichter. Ansonsten spielt nahezu jeder ein schauerschlimmes Theater. Jeder in seinem Alltag.

Seht euch an. Ohne Kunstleistungen. Seht nur euch an, eure fremden Wünsche. Sucht die wirklichen. Rennt nicht zu Gurus, Großvätern oder Goethe. Es geht doch nur um euch. Um mich.

Es gibt keine Stücke, heißt es, wir wollen ja, aber wo sind die Stücke? Wollt ihr wirklich? Wollt ihr wirklich etwas finden? Dieter Dorn in München sagt er lebe gegen eine »graue Wand« an und er suche Stücke, die dieses Lebensgefühl ausdrücken. Mir ist das Grau zu langweilig.

Ich weiß, daß es mehr als schicke Verzweiflung gibt. Ich weiß auch, daß dieser Offene Brief blamabel naiv ist. Aber das tut mir nicht weh. Die Zyniker machen mir keine Angst mehr. Und den Kulturpessimisten kann ich heute genüßlich in den Arsch treten. Nicht zu heftig. Genüßlich und aufmunternd. Damit sie das Jammern lassen.

Maskiert euch nicht. Helft euch, eure Haut zu fühlen. Helft den Zuschauern, ihre Haut fühlen zu wollen.

Fast zehn Jahre habe ich noch gebraucht, um mich endlich aus dem maskierten Theater feuern zu lassen.

»Sie haben nicht den Zwang.«

Wenn mich meine beiden Theater nicht mehr zwingen, mir aber der »Zwang« bleibt – wohin lebe ich dann? Ich konnte Hamburg verlassen.

Annonce, aufgegeben im Dezember 1988 in »Mister SM«:

»HH/ÜBERALL: Sklave sucht ein nacktes Leben zwischen Zelle und Zärtlichkeit. Bitte nur ernsthafte Anfragen an Knut, 040-XXX«

Das war mit Foto erschienen: Ich stehe nackt in Ketten, den Kopf gesenkt. Zunächst riefen nur die üblichen unseriösen Spinner an. Eines Tages die Stimme eines Mannes. Sie erotisierte mich sofort, väterlicher Bass von einem, der sich als Boss beschrieb, nicht nur in Sex-Spielen, auch in seinem wirklichen Leben: »Ich bin der Boss der Boss der Boss.« Viel mehr aber faszinierte mich sein analytischer Kommentar zu meinem Annoncentext und meinem Foto. Er wußte alles über mich, mit wenigen Sätzen bewies er das. Keine Chance, dem spielst du nichts vor. »Die Annonce habe ich im Flugzeug gelesen, ich bin oft in Europa, momentan sitze ich in meinem Büro in Kalifornien.«

Wir telefonierten über eine halbe Stunde. Und am nächsten Tag noch einmal, auch wieder ein endloses Gespräch. Er sagte mir seine Telefonnummer und seinen Namen. Und eine Adresse in Europa, ein kleiner, aber feiner Ort in der Schweiz. Dorthin sollte ich Fotos schicken und eine ausführliche Biographie nebst Selbstanalyse. Er werde sich melden, sobald er wieder rüberfliege.

Mich hatten schon zu viele Wichser genarrt, mit kühnsten Versprechungen. Wie verführbar ist ein hungriger Maso! Um mich vor unnützer Enttäuschung zu schützen, ehe ich mir die aufrichtige Mühe machte, ihm ausführlich zu schreiben, rief ich an einem der nächsten Tage die Nummer in Kalifornien an; nach meiner Zeitrechnung war es dort zehn Uhr morgens. Eine Sekretärin meldete sich, ich nannte seinen Namen. Nein, Mister X sei noch nicht im Büro. Ich ließ einen Gruß bestellen, aus Germany. Und setzte mich wie gefordert auf meinen nackten Arsch, IHM sofort den Bericht zu schreiben.

Natürlich konnte noch immer alles gelogen sein, auch wenn der Name und die Telefonnummer stimmten, ich hatte ja nur eine Sekretärin an der kalifornischen Strippe, nicht SEINE Stimme – war es wirklich SEIN Vorzimmer? Aber das wollte ich nun riskieren. Ich schickte Brief und Fotos ab. Brave Privatfotos und andere als nackter Sklave.

Nach Wochen kam eine Ansichtskarte, abgestempelt in genau dem Ort, wohin ich geschrieben hatte: »Lieber Knut, habe Deinen Brief erhalten. Danke für die Offenheit! Nun müssen wir viel reden und denken. Schreiben ist nicht so gut. Hab etwas Geduld, ich komme bald nach Hamburg.«

Wieder wartete ich einige Wochen, dann rief ER aus einem Hotel in Frankfurt an, kurz vor Mitternacht: »Ich habe hier eine Suite und zwei Telefone. Ich werde jetzt das zweite Telefon und die halbe Suite auf deinen Namen umbuchen. Ruf in einer Viertelstunde zurück und verlang dich selbst am Telefon, mal testen, wie clever die hier sind.«

Nach einer Viertelstunde wählte ich und verlangte »Mister Koch – in seiner Suite«. Und »Augenblick bitte!« war ich mit der Suite verbunden. ER am Apparat.

»Na, das ist also okay. Morgen ruft dich meine Sekretärin an und gibt dir deinen Flug durch, hast du Zeit?«

Das Ticket ist in Hamburg hinterlegt, ich fliege zu IHM nach Frankfurt. Kein Spiel mehr. Ich habe mich als Sklave angeboten, bereit, mit IHM nach Amerika zu gehen, oder sonstwohin, in irgendeinen Keller, ganz egal – macht mir das keine angst? Wer erwartet mich? Wie sieht ER aus? ER scheint mir erregend überlegen, in allem, was ER gesagt hat, dazu die imponierende Perfektion, mit der ER diese Begegnung inszeniert. Aber wenn ich IHN sehe...? ER hat reichlich Fotos von mir verlangt, ich hab von IHM keins, ER hat nur erzählt von sich. Ich sitze im Flugzeug und fürchte mich nur davor, daß ER mich als wirkliche Person nicht faszinieren könnte. Und wenn ER als wirklicher Mann identisch ist mit meinem idealen Bild, wie vor Jahren Matthias...? Jetzt ER. Häßlicher als Quasimodos Neffe kann ER kaum sein, und der hatte meinen Schwanz, wirklich und geil.

Im Hotel erhalte ich einen Schlüssel und von IHM die Nachricht, daß ER nicht vor 17 Uhr zurück sein wird. Ich nehme den Fahrstuhl zu ›meiner‹ Suite. Sie hat eine Verbindungstür zu seinen Räumen – und die steht offen. Ich sehe dort seine Sachen liegen, nichts abgeschlossen. ER kennt mich nicht persönlich und läßt alles für mich offen. Ich warte.

Als ER gegen 19 Uhr plötzlich in meinem Zimmer steht – da ist für mich alles klar. Ich weiß, IHM kann ich folgen.

»Wir werden uns hier nur einen Moment unterhalten, dann gehen wir in die Stadt zum Essen.« Aber an diesem Abend verlassen wir die Suite nicht. Auch den zweiten Abend verbringen wir im Hotel. Am dritten Tag, im voraus festgelegt als mein Abreisetag, sagt ER vormittags drei Termine ab, um die Zeit mit mir zu nutzen.

Ein Mann, der etliche Jahre in Asien gelebt und dort seine Menschenkenntnis vertieft hatte. ER konnte mich biegen, wohin ER wollte. Ich wäre für IHN bereit gewesen, auf Safer Sex zu verzichten, wenn ER es gefordert hätte. Es gab nur eine Irritation: Rasch merkte ich, daß dieser souveräne Mann im Sex selbst passiv sein wollte, und ich als der Sklave sollte IHN ›versorgen‹. Das sprach ER nicht offen aus, ER forderte auch nicht meinen wirklichen

Schwanz, ER war mit meinen diversen Dildos zufrieden, die ich auf sein Geheiß alle mitgebracht hatte, alle Größen. Allerdings hatte ich gehofft, ER wollte...

Ich hätte mich trotzdem für IHN so weit ignoriert, ich war bereit, IHM alle diese Dienste zu leisten. Wenn ER mich nur annehmen wollte als Sklave, mich aus meinem verspielten Leben endgültig befreite, wirklich in sein Haus, immer verfügbar, nur noch persönlicher nackter Besitz eines solchen Mannes! Wir hatten wunderbare Gespräche, mühelosen Sex, immer intelligent und in niedrigster Geilheit. Ungeniert auch vor dem Personal, das unser Menü in der Suite servierte. ER hatte alle finanziellen Möglichkeiten, und Kalifornien war befreiend weit weg.

Wir verabschiedeten uns mit dem Versprechen, uns drei Wochen später in Hamburg wiederzusehen. ER rief erst viel später an, wieder nachts: »Beruflich hat sich alles anders entwickelt als erwartet, ich werde viel mehr reisen müssen als geplant. Wie soll ich unter diesen Umständen die tägliche Verantwortung für dich übernehmen? Du in meinem Haus, ich unterwegs überall in der Welt. Als ich deine Annonce beantwortet habe, wollte ich mich in allernächster Zeit aus meinem Job zurückziehen, nur noch leben. Daraus wird nun nichts.«

Ich wußte, es war eine Ausrede. Ich habe ihn nicht bedrängt. ER könne mich jederzeit anrufen...

Erst nach einem Jahr meldete er sich noch einmal überraschend, deutete einen vagen Termin an. Doch wir haben uns nie wieder getroffen. Er war bisher der einzige Mann, der mich als Sklave in allen Zweigen meines Hirns wirklich zu fassen wußte.

Er war aber nicht der einzige Sado, dem ich mich körperlich ausgesetzt habe. Bis zum Ende meiner Vertragszeit am Schauspielhaus gab ich dem Sklaven noch eine letzte Chance, ich annoncierte immer freier, in diversen Zeitschriften, mit nacktkrassen Fotos im Sklavendreck, mein

Gesicht deutlich zu erkennen, mit Angabe des Namens, sogar meiner privaten Telefonnummer. Nicht die Spielnummer, nicht als Callboy. Das nicht mehr. Mit jedem Tag wuchs die Gefahr, daß ich mich tödlich irrte. Wer sich so unbedenklich ausliefert, den wittert irgendwann ein echter Killer.

Mit einem Typen hatte ich knappe zehn Minuten telefoniert, genau hingehört zwar, ihn aber nie zuvor gesehen. Ich sollte zu einem Parkplatz kommen, Richtung Pinneberg, und nackt in sein Auto steigen, da wollte er mich kurz checken und dann mit mir auf die Parkplatzklappe gehen. Nachts, aber natürlich öffentlich, die Klappe sei ein beliebter Treff. Später wollte er mit mir von dort aus in den Wald gehen, weil auch da immer reichlich Kerle rumstünden, er wollte mich vor ihren Augen an einen Baum … und natürlich alles safe. Klar, versprochen!

Ich steige nackt in sein Auto. Ein alter, vergammelter Dreckskarren. Der Typ wie aus einem amerikanischen Horrorstreifen: schwarze Sonnenbrille, untersetzter Brutalo, etwas Speckbauch, seine Schultern doppelt so breit wie meine, trägt halbe Handschuhe, die nur die Finger verdecken, aus schwarzem, dreckstarrem Leder: widerlich verstümmelte Hände, die keine Spuren hinterlassen. Lupenreiner Killer. Er tritt aufs Gas und rast vom Parkplatz runter auf die Autobahn! Der bricht die erste Verabredung, der wird sich auch an die anderen nicht halten. Das Spiel heißt: absolut ausgeliefert sein, davon träumt ein Maso. In dieser Schrottkarre! Mit einem schweigsamen Irren, keine Chance, mich gegen ihn zu wehren, er ist ungefähr viermal kräftiger als ich. Mir fällt der Maso aus Köln ein, übel zugerichtet schleppte er sich ins Krankenhaus, Notoperation am zerfetzten Arsch … Der Typ biegt ab, fegt eine Landstraße lang, Vollmond. Jetzt ein Waldweg, er kennt sich aus. Stoppt den Wagen. Letzte Chance zur Flucht – nackt? Etliche Kilometer weit weg von meinem Auto?

Er legt mir Handschellen an, auf dem Rücken. Ich wehre mich nicht. Wie oft habe ich Masos schon gefesselt, ich, der faire Spieler. Wird das jetzt mein letztes Spiel? Im Wald, wo sonst! Da hab ich angefangen, da hört er auf mit mir. Er verbindet mir die Augen. Rast rumpelnd weiter, Äste schlagen gegen das Auto. Dann stoppt er wieder. Wie viele hat er hier schon abgemurkst in seinem Wald?

Ich hör ihn aussteigen. Seine Tür knallt zu. Totale Stille. Was hat er vor, wo ist er jetzt? Ob er mich abknallt oder foltert oder mir den Tod ins Arschloch fickt... kein Unterschied. »Steig aus!« Ich spüre den nachtkalten Sandboden, hoffentlich denkt der Typ, ich zittere wegen der Kälte. Seine Handschuhkrallen an meiner Haut, genüßlich. Dann Schläge, runter zu seinen Stiefeln, ich hocke im Dreck, an sein Auto gelehnt, er pisst. Das ist freundlich. Er experimentiert mit Brennesseln. Kein Wort. Keine Kellen an einem Baum? Peitschen? Ein Messer? Er packt mich und schleppt mich zur Motorhaube, drückt mich da drauf, ich spüre das fast noch heiße Blech an meinen Händen. Er hievt mich auf den Rücken, ihm egal, daß ich mit den Handschellen auf seinem Auto Kratzer hinterlasse, 'ne geile Spur für ihn. Die Augenbinde ist leicht verrutscht, ich kann deutlich erkennen, was er macht. Und sehe, wie er einen Gummi auf seinen Schwanz rollt. Also doch fair? Er fickt angenehm, ich liege entspannt auf seiner warmen Motorhaube, ich sehe sogar den Mond durch den Schlitz der Augenbinde.

Später saßen wir im Auto, immer noch auf dieser Waldlichtung. Ich ohne Handschellen, immer noch nackt. Er sagte, er habe eine Wohnung in Berlin und eine in Hamburg, ich solle zu ihm ziehen, als Sklave. Endlich bot mir das einer an, einer, der mich hart überrumpelt hatte und prima spielen konnte. Aber leben mit diesem speckigen Freak? Ich sah mir das Gerümpel in seinem Auto an, stellte mir seine Wohnung vor, ob die auch nur eine Schrotthalde war? Ich antwortete, ich müsse es mir überlegen. Er redete auf mich ein, lange, intelligent. Erst später wurde mir klar, daß ich noch immer nicht außer Gefahr war, da draußen im Wald.

Doch er brachte mich korrekt zu meinem Auto zurück. Rief nachher noch ein paarmal an. Irgendwann sagte ich endgültig nein. Bis heute bereue ich diesen Abend nicht, ich würde wieder zu so einem einsteigen, mich darauf verlassen, den richtigen Instinkt zu haben.

Das verleitet zu der oberflächlichen Einschätzung, Masos legten es darauf an, gekillt zu werden. Legt ein Akrobat es darauf an, abzustürzen? Auch nicht beim vierfachen Salto. Warum turnen die Artisten in der Zirkuskuppel herum?

Mit einem anderen Unbekannten fuhr ich nackt von Hamburg bis Bremen. Dort hatte er sich einen Spielkeller eingerichtet. Er kettete mich an und befummelte mich eher ratlos. Dann sperrte er mich in einen Käfig, ich solle seine Stiefel putzen. Alles total ungeil bis dahin.

Plötzlich filmte er mich mit einer Videokamera. Es existierten schon Sklaven-Fotos von mir, aber in meiner Wohnung aufgenommen, von mir inszeniert. In diesem Keller, in eindeutiger Sklaven-Action, wehrlos, hielt ein fremder Sado die Kamera drauf. Fragte mich nicht, sagte nicht, was er damit machen wollte. Er dokumentierte mein anderes Leben, willkürlich verwendbar. Das machte mich in Sekunden unglaublich geil. In dieser Nacht wurde mir klar, daß ich für jede Sklavenrolle im billigsten Pornofilm meine ›seriöse‹ Schauspielerkarriere opfern würde. Ich beschloß, Hamburg nicht zu verlassen, bevor ich mich nicht in einer solchen Rolle hatte filmen lassen.

Kurz darauf wurde mir ein – leider – winziger Part in einem professionellen S/M-Film angeboten, inzwischen vielgekauft in den USA und Europa. Ich nahm an, ohne zu zögern, und spielte nackt als angepisster Sklave. Später flatterten mir einige Briefe ins Haus, von Freunden, die mich in dem Film erkannt hatten und mich zu meinem

Mut beglückwünschten. Dabei wußten sie nichts von dem anderen Film, den ich im allerletzten Moment in Hamburg drehte, inszenierte und produzierte. Meine intimsten Phantasien für eine Kamera, viele Szenen mitten in der Stadt, nachts und nackt. In der Hauptrolle als Sklave: ich selbst.

Mein Sado befiehlt mir an einer Bushaltestelle im Stadtpark, meinen Paß abzuliefern und mich auszuziehen. »Du gehst jetzt quer durch die Stadt bis zu meinem Haus. Wenn du das nicht schaffst, will ich dich nie wieder sehen!«

Es ist November. Schlaflose Hamburger alarmieren dreimal die Polizei, aber nichts kann mich schrecken. Da ist sie wieder, die verwirrende Energie der frühen Waldspiele. Der nackte uralte Wilde, hellwach. Ich gehe ja oft barfuß, am hellen Tag auf der Straße, im Kaufhaus, sommers und winters, schon die nackten Füße erregen mir diese Energien – und nun nicht mehr nur flüchtige Phantasie, sondern festgehaltene Bilder, nicht mehr geheim, endlich ich als nackter Sklave im Stadtdschungel.

Als der Film bis auf wenige Szenen abgedreht ist, sind für die letzten Termine meine Laiendarsteller plötzlich nicht mehr greifbar. Meine Wohnung wird aufgelöst, der Möbelwagen ist bestellt, ich muß reisen – den unfertigen Film im Gepäck. Beruhigend unfertig, so kann ich ihn niemandem zeigen, er ist nicht einmal geschnitten. Ich habe das wirklich gespielt, ich kann mir meine Phantasien jederzeit ansehen, nur für mich.

Der Titel des Films: »No Return«. Er ist wie ein Dokumentarfilm gedreht. Der Sklave hat – im ersten Teil – keine Ahnung, daß er gefilmt wird. Auch nicht während der Überfälle, Vergewaltigungen im Hinterhof und sonstigen Hürden, die er auf seinem nackten Weg schaffen muß. Immer wieder holt er sich neue Instruktionen in zuvor vereinbarten Telefonzellen. Immer wieder tappt er in neue brutale Fallen, weiter durch die Stadt. Erst als er endlich das Haus erreicht, mißbraucht, verdreckt, verpisst, erst als er dort an der Tür seines HERREN läutet, erst da entdeckt er die Kamera, weil sie sich ihm jetzt offen zeigt.

Für den Betrachter des Films ist bis hierher, gefördert durch die reportagehafte wacklige Kameraführung, absolut überzeugend, daß der Weg des Sklaven durch die Stadt heimlich dokumentiert wurde.

Einmal mußte ich über eine riesige, hell erleuchtete Kreuzung. Ich konnte dafür die Ampelschaltung nutzen, es gab immer ein kurzes Intervall fast ohne Autoverkehr, das reichte mir für den halben Weg, dann duckte ich mich nackt hinter ein Gebüsch, mitten auf der vierspurigen Straße. Und genau in diesem Moment kam ein Streifenwagen und hielt an der Ampel neben meinem Gebüsch. Die sahen mich nicht da drin hocken – nur sah leider auch der Kameramann die Polizisten nicht. Voll auf mich konzentriert, filmte er nicht die wirkliche, wahre Gefahr.

Würde ich leben wollen, was ich in diesem Film ›dokumentiere‹? Ich weiß, daß ich während der Dreharbeiten so glücklich war wie niemals sonst als Schauspieler.

Es gibt Leute, die behaupten, Karriere sei das Ergebnis von Mühe. Zu viele mühen sich lustlos. Ich hatte mehr Lust als die meisten bemühten oder berühmten Menschen. Und wäre ich berühmt gewesen, hätte ich meine Stricher- und Sklavenlüste nicht leben können.

Manchen scheint alles zu glücken. Und andere scheinen verflucht zum Mißlingen. Jahrelang kommentierte Mama meine jeweiligen Katastrophen: »Ja, ja, wir haben kein Glück.« Wenn schon verflucht zum Scheitern, dann mit Genuß. Ich habe das Talent, mein verfehltes Mühen zu genießen.

Ich lese ein Interview mit Sigourney Weaver. Sie spielt in »Alien III« eine gemarterte Gefangene, in mittelalterlich wüsten Gefängnissen, unsäglichen Torturen ausgesetzt. Als sie den Regisseur zum ersten Mal traf, fragte sie ihn, wie er sich die Rolle vorstelle. »Kahl« war die Antwort.

Und sie kommentiert: »In diesem Moment wußte ich, daß ich ihm überallhin folgen würde.«

In S/M-Pornos sind die meisten Sklavenschädel kahl rasiert. Oder werden vor laufender Kamera geschoren, als Beweis ihrer Unterwerfung und Entpersönlichung. Wie Sigourney Weaver in dieser Rolle. Sie spielt am liebsten Figuren, »über die die Konkurrenz die Nase rümpft«. Für »Alien III« hat sie vier Millionen Dollar Gage kassiert. Ich hätte es umsonst gemacht.

Als ich Darsteller für meinen Film suchte, entdeckte ich Wolfgangs Annonce, mit Nacktfoto. Nicht als Callboy, er wollte Freunde für unkomplizierten Sex. Das Foto zeigte einen neugierigen jungen Typen, dunkles Haar, sportlich, geil. »Auch frei für Videos.« Er rief mich aus Berlin an, und schon einen Monat vor Drehbeginn besuchte er mich in Hamburg. »Ich lebe als Callboy«, informierte ich ihn. »Wat denn, icke doch ooch!« Er packte seinen Koffer aus, nichts schien ihm fremd, er fühlte sich bei mir sofort zu Hause.

In Wahrheit hatte er keine Ahnung von diesem Job. In meiner Wohnung ratterte unentwegt das Telefon. Noch war ich engagiert am Theater, außerdem Lehrer an einer Schauspielschule, also nicht oft zu Hause. Wolfgang packte die Schwänze als Chance und entdeckte seine Talente. Er hatte enormen Erfolg und schlief schließlich nachts neben dem Apparat, um nur ja keinen Anruf zu verpassen. Daneben kümmerte er sich um den Haushalt, putzte, kochte, kaufte ein, brachte Blumen und Gemütlichkeit – er war wie der Freund, den ich seit Jahren gesucht hatte. Leider war ich für ihn kein Sexpartner, trotzdem bildeten wir sofort ein ideales Team. Aber ich hatte meine Wohnung schon verkauft, für ein ungefährdetes Leben in Frankreich.

Wollte ich mir dort, in der Idylle am Meer, selbst genug sein? Oder hoffte ich, dem Teufel wieder zu begegnen, dem jungen »diable« aus meiner verlorenen Zeit? Warum nicht besser zu Wolfgang nach Berlin? Kurz vor Drehbeginn reiste er ab, der Feigling. Angeblich Termine.

In Berlin inseriert ein Callboy als »Diavolo«. Ich weiß, er dreht wüste Filme und sucht enthemmte Mitspieler…

XII

Abgesprungen vom rasenden Karussell in Hamburg. Geflohen nach Frankreich.

In den Sommermonaten steht hier in meinem idyllischen Dorf ein Kinderkarussell am Strand, daneben das »Hôtel de la Mer«, und dann und wann gastiert ein Zirkus. Abends, bunt beleuchtet, sieht es aus wie in einem Bilderbuch. Ich habe Hamburg verlassen. Ich bin nicht in Berlin.

Heute habe ich Wolfgang angerufen, er stöhnt, weil seine Telefonnummer versehentlich nicht unter »Profis« veröffentlicht ist, also rufen jetzt »lauter jungsche People« an, die den raschen Sex wollen, kostenlos. Wolfgang kann natürlich nicht nein sagen. »Und deine große Liebe?« – »Das wird ernst.« Seit kurzem ist ein blonder, eifersüchtiger Achtzehnjähriger aufgetaucht, katholisch erzogen, also entschieden gegen diesen sündigen Job. »Der Junge liebt mich!«

Der Traum von der Liebe. Mein Traum ist das Haus am Meer – und dort bleiben zu dürfen. Das ist seit Jahren mein Ziel. Und Frankreich.

Zwischen meinem jungen französischen Freund und seinen Eltern erlebte ich damals ungewohnt temperamentvolle Streitereien, wir saßen zu viert in ihrem Renault Dauphine, der Vater raste wild gestikulierend durch die engen Kurven der Landstraße, die Mama wetterte mit hoch rotem Kopf, ich saß geduckt im Fond, der Junge schrie, der Vater brüllte, die Mutter keifend dagegen – in Deutschland wäre nur noch die Axt geblieben und ein Blutbad. Für sie war's eine Debatte.

Täglich saßen sie Stunden bei Tisch und redeten und redeten, als hätten sie sich seit Jahren nicht gesehen. Und futterten nicht einen widerlich vollgepackten deutschen Mampfteller leer, Gemüse, Kartoffeln, Fleisch,

Fettsoße drüber. Hier wurde alles einzeln serviert, Hors d'œuvre, Fisch, Sorbet, Fleisch, Gemüse, diverse Weine, Dessert.

Zum Befremden meiner Familie hatte ich als kleines Kind schon diese Eigenart, alles separat zu essen; ins Kartoffelpüree drückte ich mit dem Löffel Serpentinen und ließ dort die Erbsen runterrollen. Endlos saß ich vor meinem Teller. Meine Großmutter, lebenslang der deutschen Devise gefolgt: »Wer schnell ißt, arbeitet schnell!«, konnte mir beim Essen nur unter Qualen zusehen: »Der kaut die Suppe!«

Als ich mit fünfzehn nach Frankreich kam, aßen dort alle genau wie bisher ich. Sie zeigten ihre Gefühle ohne erdrückende Sentimentalität, in allem flugleicht. Den Franzosen ist Erotik vor allem Vorspiel und Nachspiel, Traumspiel.

Mein Vater dagegen pflegte zu sagen: »Im Magen kommt sowieso alles durcheinander.«

Die spinnen, die Germanen.

Als ich heute früh mit dem Hund am Strand war, bildete sich ein Regenbogen über der Bucht. Erst von rechts ein halber, dann von links und plötzlich ein geschlossener Bogen. Das hatte ich noch nie im Leben gesehen.

Also sagte ich mir: Jetzt darfst du dir was wünschen, es wird in Erfüllung gehen. Und was wünschte ich mir? Karriere!

Wünsch dir doch Liebe! Aber nein, Karriere. Was soll ich denn mit der? Enttäuscht wandte ich mich vom Regenbogen ab, überm Dorf standen schwarze Wolken, urplötzlich ein Hagelschauer, im Nu war ich naß bis auf die Haut. Geschieht dir recht! Wieso Karriere? Was stellst du dir darunter vor? Geld hätte ich denken können, viel Geld, das hätte ich mir eher verziehen als Karriere.

Der Wind ums Haus, er drückt ans Fenster als anonyme Lederfaust, kein Vollmond heute, das Meer brodelt, der

Marsmensch rüttelt an allen Türen, auch heute nacht sitz ich allein im Haus. Es müßte irgendwas passieren. Ich will mich nicht einfach ins Bett legen und mich zurieseln lassen von Videos. Pornos oder Poesie, ich habe Hunderte von Kassetten aus Hamburg hierher geschleppt. Nein, nicht in dieser Nacht.

Was wäre jetzt in Berlin? Wolfgang im Park, was sonst, ich würde mich allein ins Bett legen. Wie jeden Abend, als ich bei ihm war. Rausgehen? Auf die Straße wie früher? Ich bin schon in Hamburg gegen Ende kaum noch rausgegangen. Und beim letzten Besuch in Berlin nur zweimal – nirgends länger als ein paar Minuten geblieben.

Wenn ich hier am Meer einen Franzosen kennen würde? Vielleicht gibt es grad hier in der Nähe einen, der einen Keller hat! Oder er würde einen haben, sobald er mich kennen lernt. Und dann? Sind französische Sados wie die deutschen? Ich könnte über Annoncen, über Minitel nach Spielpartnern suchen. Ich könnte auch hier ein Studio haben. Was treibt den Wind ums Haus?

Es war ideal in Hamburg, die Männer kamen zu mir. Ich mußte nicht raus. Wie reich müßte ich sein, um mir einen Sado zu kaufen? Einen verläßlichen. Wenn Wolfgang hier wohnte, der säße selbst bei Wind nicht im Haus, er würde sich Ficker holen, auch hier. Wic ich sie mir geholt habe, früher. Jetzt – bin ich leergeweht. Der Wind heult durch mich hindurch.

Und hat mich hellwach geweht, heute nacht. Ich hab am Nachmittag geschlafen, drei Stunden. Aus Angst vor meinem aufgeschreckten Erinnern. Das habe ich alles gelebt? Und in den Wind…

Jetzt im Sturm an den Strand gehen! Oder mich oben aufs Kliff setzen. Über der Gischt hocken, den Wind im Gesicht! Früher ging ich raus, weil irgendwo einer warten könnte wie ich. Wenn, ist es sowieso der Falsche. Wie ich mir selbst falsch bin. Soll er mich wegwehen, der Wind. Lehn dich aus dem Fenster, weit genug, und er packt dich, weht dich ins Nichts. Nichts, der Sklave soll nichts sein.

Wie heißt du? Ich habe keinen Namen. Was machst du? Was Sie verlangen. Ich mache, was ER verlangt, Wind.

Heute früh am Strand habe ich mir gewünscht, ein einziges Mal sollte ein Text meine Wahrheit fassen, einmal den Mantelzipfel! Karriere? Endlich alle zum Schweigen bringen, die über mein Leben die Nase rümpfen. Einmal so dicht an der Wahrheit sein, daß es ihnen die Sprache verschlägt.

Immer pendeln zwischen Größenwahn und Ehrlichkeit, immer dieses Wechselbad aus Heldentum und Demut, aus Angriff und lustvoller Passivität. Könnte ich nur einfach über den Strand gehen, und es hätte keine andere Wichtigkeit, als dort am Strand zu gehen!

Heute würde ich gern leben ohne Höhenflüge, also auch ohne Abstürze. Nicht depressiv, nein, in einer heiteren Melancholie. Wie hier die Landschaft am Meer. Der blöde Regenbogen hat mir nur eine Fratze gezeigt: Karriere!

Nichtstun versetzt mich in heftigste Unruhe. Als würde um mich her eine schwarze Brühe aufsteigen. Und wenn ich aus Lust keine Lust hätte, mich vor der Brühe zu retten?

Nur Sog. Auch als Callboy habe ich morgens so in meinem Müll gesessen. Und dann rief plötzlich einer an und sagte: in einer halben Stunde. Sofort flog ich durch die Wohnung, drei, vier Handgriffe zugleich, als würde ich mich mit Drogen putschen. Aus gutem Grund habe ich die nie gebraucht. Die hätten mir jede Kraft gegen den Sog genommen.

Energie habe ich immer aus anderen Menschen gewonnen, vorausgesetzt, die brauchten mich. Sogar am Theater. Ich sitze lustlos in der Garderobe, im Lautsprecher höre ich die Bühne und den Zuschauerraum, der sich allmählich füllt, erst einzelne Stimmen, dann mehr und mehr – dieses erwartungsvolle Gesumse. Die warten auf mich! Das zieht mich hoch.

Meint das Karriere? Daß andere mich rausholen, definitiv, aus der schwarzen Brühe? Als ob jemals eine ›Karriere‹ den Star vor sich selbst beschützt hätte. Liebe schützt, wenn sie gelingt... so was wie Liebe... das könnte mich vielleicht rausholen. Als Kindprinz war ich stärker, da sollte keiner kommen und mich erretten. Jetzt könnte es wirkliche Kameras geben. Jetzt müßte ich König werden.

In Frankreich wollte ich ausruhen, nachdenken, frei als mein eigener Freier. Jetzt habe ich neue Angebote vom Theater. Will ich zurück? Der Abgabetermin für das Buchmanuskript steht fest. Will ich es wirklich veröffentlichen? Ja. Ich will nicht wieder abhauen können. Ich fahre nach Berlin.

Mit diesem Buch wird alles anders. Vielleicht folgt jetzt ein Spiel mit offenen Karten – oder will ich mich selbst damit einmauern?

Wie sich Mönche einmauern ließen, kleine Durchreiche fürs Essen, winzige kahle Zelle. Das hat mich fasziniert, seit ich als Schüler schaudernd in Fulda den Keller der Michaelskirche besichtigte. Bisher blieb ein Leben im Kloster für mich unerreichbar. Ich beneide die Mönche um ihr Talent, sich mit einem geglaubten HERREN zu begnügen. Aber ich brauche Lust leider nicht nur inwendig.

In Frankreich präsentiert einmal im Monat ein populärer Moderator im Fernsehen neu erschienene Bücher und deren meist unbekannte Autoren. Eines Abends sitzt eine Dame am Tisch, adrett, streng frisiert, spricht leise, beinahe schüchtern, obgleich ein Kritiker ihr Buch gerade in den höchsten Tönen gelobt hat... Wovon reden die? Ich höre wohl nicht recht! Der Buchtitel ist »La Fouetteuse«, die Auspeitscherin. Es ist der Tätigkeitsbericht einer Domina. Es werden Fotos ihres Studios eingeblendet, sie wird freimütig zu ihrer Arbeit befragt. Der Moderator verbirgt nicht sein Erstaunen, was es so alles gibt in Paris, aber mit unglaubig lächelnder Faszination, er fragt und fürchtet keine Antwort. Mehr noch: Die illustre Runde ist wie immer von geladenen Zuschauern umgeben, heute sitzt dort auch einer der Sklaven von Madame, mit schwarzlederner Sklavenmaske, zum Schutz seiner bürgerlichen Identität. Auch er wird interviewt. Zeuge und leibhaftiger Beweis.

Und am Schluß des Gesprächs fragt der Moderator, vornehm zurückhaltend wie sonst auch bei allen Superstars und Präsidenten in seiner Sendung: »Sie haben mittlerweile erwachsene Kinder. Wußten sie immer von Ihrer Arbeit?« – »Ja.« – »Haben Ihre Kinder das Buch auch gelesen?« – »Ja.« – »Und was sagen Ihre Kinder dazu?« – »Ils ne me jugent pas«, sie urteilen nicht über mich.

Ich versuche mir eure Reaktion auszumalen, wenn ihr nun alles über mich erfahren werdet, Brüder, Tanten und Onkel. Entsetzt euch das mehr, als wenn ich mich vor den Zug geworfen hätte wie mein armer Cousin? Am besten mit achtzehn wie er, mit kleinstem Schandkonto...

Schon eure Enkel werden mich eher lustig finden, interessant bestenfalls als Zeitzeuge. So vieles, das im vorigen Jahrhundert noch Skandal machte, ist für uns heute eine Posse.

Als ich voriges Jahr im November in Berlin war und barfuß auf der Straße ging, sahen mich zwei Jungs, beide höchstens vierzehn: »Ey, det is ooch cool – ohne Socken!«

Was wäre für mich eine ideale Zukunft – als Summe aus allem, was ich gelebt habe? Einen alternativen Traum zur Sklaverei träume ich, von einem weniger getriebenen Leben: am Meer, vielleicht sogar in diesem kleinen Dorf, mit Freunden, die sich hier ein Zuhause schaffen, fast alle wären nicht mehr im Beruf, man säße mal da, mal dort zusammen und erinnerte sich, kopfschüttelnd. Unsere Rennerei all die verrückten Jahre!

Es gibt durchaus komfortable Seniorenheime, aber wir

haben uns ein Leben lang gegen den Terror der Heteros gewehrt – sollen wir denen im Alter nun ausgeliefert sein, ihren Kanarienvögeln und dem Gejammere über die herzlosen Enkelkinder? Hier im Dorf stehen einige alte Häuser zum Verkauf. Man kann auch neue bauen, mit Blick über die Bucht. Es könnten sich einige Ältere ansiedeln, betreut von jüngeren Männern.

In diesem Dorf könnte jeder in seinem eigenen Haus wohnen, und doch ginge keiner verloren. Mitmenschlicher würde es sich hier leben, nicht wie in den hektischen Millionenwaben. Einige Senioren leisten sich zusammen ein, zwei Helfer.

Und je mehr Ältere da sind, desto mehr Jüngeren bietet das eine Existenz: Wäscherei, Busfahrer, Buchhandlung, Café, Masseur, Blumenladen... Ein winziges San Francisco. In Frankreich, oder irgendwo sonst am Meer.

Die Älteren bringen ihre Häuser in eine Stiftung ein. Statt unser Zuhause irgendwelchen Hetero-Erben in die lieblosen Hände fallen zu lassen, stiften wir sie für andere ältere Homos, die nicht gut genug versorgt sind, um sich hier ein Haus leisten zu können. Und so werden es mehr und mehr. Ich stelle mir das vergnüglich vor. Eine kleine Kolonie. Friedfertiges Miteinander. Einer hat im Haus sogar einen geeigneten Keller, für jeden, der's mag; und einen Boy fürs Bett könnten wir uns leisten, reihum, fest angestellt, das Gehalt verteilt auf die Gemeindeglieder. Und gemeinsame Abende am Kamin. Spaziergänge am Meer. Ausflüge. Gespräche. Jeder geschützt, keiner bedrängt, niemand zu irgend etwas gezwungen. Aber auch niemand abgeschoben.

In Hamburg und anderen Großstädten habe ich mich oft gefragt, wo sie wohl bleiben, die Alten. Etliche kamen zu mir, so wußte ich überhaupt erst, daß es sie noch gab. Auch mit Gelüsten. Wie viele verkümmern in ihren Wohnungen! Die alten Herren können sich abends nicht mehr auf die Straße trauen. Außer üblen Stricherspelunken keine Bars für sie, auch keine noblen Clubs wie in meinem Traum.

Glaube ich denn im Ernst, das Leben in diesem Reservat würde ich ertragen?

Ja. Ich hatte so viele Jahre mit den Alten zu tun. Und mit Jungs, die für die Alten ›arbeiteten‹. Ich weiß, wie glücklich wir einander ergänzen können. Ich habe Wolfgang von diesem Projekt erzählt, und er mochte die Idee auf Anhieb. Er hat auch sofort verstanden, daß sie kein Modell zur Ausbeutung seniler, hilfloser Homos wäre. Es hat ihm gefallen, daß er Ältere betreuen soll und sie dafür ihn versorgen. Für sowas würde er das hektische Berlin sofort verlassen.

Also sollten wir jetzt nach netten alten Herren suchen. Ich weiß ein paar Freunde, die zuverlässig mitbetreuen würden. Frei gewählte Familie, eine verzauberte Mischpoke, tolerant und heilfroh, auch im spätesten Alter nicht die eigenen wilden Jahre verleugnen zu müssen.

Nachspiel

In Frankreich wird im Theater zeremoniell mit einem Stock auf den Bühnenboden gepocht, dann beginnt die Vorstellung. In Deutschland wird dreimal geläutet, dann heißt es: Vorhang auf!

Erstes Läuten

Ausgerechnet ICH der Sklave für irgendwen?

Glatzköpfig, im Kellerkäfig! Wieso produziert mein Hirn solchen Horror? Wieso verplempere ich meinen Selbstwert an solchen Quatsch? Und lass mich doch nie endgültig darauf ein!

Wieder und wieder kreist mein lustvolles Sehnen um das abstruse Sklaventhema. Weil ich in Wahrheit nie etwas anderes gelebt habe. Mich immer hingegeben an andere. Im privaten Leben. Im Theater. Prostituiert aus Passion. Immer nur die Lust, mich zu verschwenden.

Am seligsten, wenn ich gedemütigt wurde und benutzt – und dennoch respektiert und belohnt. Lohn konnte das Streicheln sein, nach der Folter. Ein anerkennender Blick des Fickers. Auch nur sein erlöster Schrei in mir. Mein Glück war immer das der anderen.

Warum also nicht: Leben als Sklave? Wenn EINER reagiert hätte auf meine Annoncen, wär ich ihm wirklich gefolgt? Ich habe alles befolgt, was sich mein Hirn und mein Schwanz und mein Arsch und mein Bauch und meine nackten Füße wünschten – soweit ich es alleine realisieren und inszenieren konnte. IHN kann ich nicht inszenieren, jeder Sado, der sich von mir führen läßt, hat seine Macht verloren.

Zweites Läuten

Zum zweiten Mal gefragt: Wieso ausgerechnet ICH der Sklave von irgendwem?

Habe ich jemals eine Rolle aus dem Theater zu Hause weitergespielt? Sklave ist keine Rolle. Allenfalls Seiltanz – ohne Netz. Wie kann mir eine abgesichert-respektierte Karriere weniger wichtig sein als meine Sklavenspiele? Es gibt genug Menschen, die einer Passion alles geopfert haben, sei sie noch so abstrus. Ich zweifle nicht, daß ich es tun könnte. Aber noch habe ich die Chance, darüber nachzudenken, warum einer wie ich sowas tun will. Sich danach sehnt, ›getan‹ zu werden.

Beleidigt mich nicht in Wahrheit, daß mir zu viele enthusiastische Pläne mißlungen sind? Lustvolle Erfolge waren leichter zu haben mit meinem verkauften Körper, ersatzweise. Möchte ich jetzt extreme Filme spielen gegen meine zerfallende Zeit? Wie lange ist mein Körper zur öffentlichen Lust noch nutzbar?

Wenn schon keine geglückte Wirklichkeit, dann wenigstens glücklich vor einer Kamera. Auf einer Bühne, meinetwegen auch dort. Bizarre Lust, öffentlich, live. Für eine Kamera neue Lust zu entdecken, jetzt, das wäre erregend ersetztes Leben.

Drittes Läuten

An einem sonnigen Morgen am Meer noch einmal die Frage: Wieso ausgerechnet ICH ein Sklave?

Sehr einfach. Weil ich Schauspieler bin. Deshalb schauspielere ich den Sklaven nicht.

Jeder rechtschaffene Mensch, der sich Theaterproben aus der Distanz ansieht, glaubt, die sind doch alle meschugge, wie können die ihre Spiel-Rollen derart ernst nehmen? Auf Proben wird mit einer Heftigkeit um Wahrheit gestritten, wird angefeindet, selbstgezweifelt, gesiegt und erledigt – als wär's das Leben, nein, viel wichtiger als das profane Leben. Alles wird zurückgestellt, Kind und Kegel, es ist Probe! Premiere! Vorstellung! Ein Schauspieler, der nicht »einsteigt«, der ist eben keiner. Es gibt Schattierungen; aber auch die coolsten Darsteller, die in der Arbeit jeden privaten Nerv auszuschalten versuchen, sind in allen essentiellen Momenten – etwa der Premierenangst – genauso todernst wie ihre hitzigeren Kollegen.

Die Zuschauer wollen unsere Spiele als wahre. Nicht als Ware. Als wahrhaftigen Ersatz für ein banales Leben. In »Wie es euch gefällt« in Bochum hatte ich zu meinem großen Vergnügen einen Nacktauftritt von einigen Sekunden, genauer gesagt, ich trug den Brautschleier und Jürgen Prochnow das Brautkleid. Wütend schrieb ein Zuschauer, jeder Normalbürger, der im Park nackt herumlaufe, würde sofort eingesperrt, aber die Schauspieler dürften sich öffentlich alles erlauben! Worüber klagte der nun wirklich, über die Freiheit der Kunst oder über seine eigene Unfreiheit?

Als Schauspieler darfst du morden und dich selbst zerstückeln lassen, darfst rasen vor Eifersucht und dich in allen Abgründen der Phantasie suhlen, auch nackt und öffentlich, es fällt der Vorhang, und keine Polizei verhaftet dich. Du darfst de Sade sein oder ein edles Opfer, es wird applaudiert, und kein wirkliches Feuer brennt unter deinem Scheiterhaufen. Für diesen kurzen Theaterabend bist du von allen Gesetzen frei.

Für eine kurze Spanne Zeit kann auch der Freier mit der Hure und dem Lustknaben jeden Aberwitz ausspielen, so wahrhaftig und atemberaubend echt wie das Theater. Im besten Fall aufregender. Ihr Spiel ist wirkliche Haut, ist wirklicher Orgasmus. Ich war zum Huren-Spieler bestens ausgebildet, das erklärt meinen Erfolg bis zum letzten Tag. Das erklärt aber auch, warum ich mir selbst so wichtig bin als Sklave. Nicht mehr nur wahllos, nicht geheim, nicht irgendeine bezahlte Rolle. Real ohne Rückkehr.

Ich träume das masochistische Spiel als Liebe. Wie mit

sechzehn, am Fenster nachts, als der junge Franzose mich gegen meinen Willen wieder geil hatte... Ich hab ihn ja geliebt.

Mein einfachstes Bild für absolute Unterwerfung: Der HERR entscheidet, daß ich in einer Zelle zu leben habe, jederzeit für IHN verfügbar, bedingungslos – und die Zelle muß nicht verriegelt werden, weil ich sie frei, willig nicht verlasse.

Vorhang offen

Bildnachweis:

Felix Bearth: Foto 8
Thomas Eichinger: S. 5
Georg Eichinger: Foto 7
Sibylle Kirchheim: Fotos 5 und 6
Knut Koch: Fotos 1 bis 4